国外当代教育研

精准教学系列

主　编　盛群力　肖龙海

副主编　冯建超

参与综合认知任务：

跨学科提出与检验假设的方法

CANYU ZONGHE RENZHI RENWU:
KUA XUEKE TICHU YU JIANYAN JIASHE DE FANGFA

[美] 蒂娜・森　罗伯特・J. 马扎诺　著

卡拉・摩尔　彭妮・L. 塞尔　协编

崔昕　译　　冯建超　校

中原出版传媒集团
中原传媒股份公司

大象出版社

・郑州・

图书在版编目(CIP)数据

参与综合认知任务：跨学科提出与检验假设的方法／(美) 蒂娜 · 森,(美) 罗伯特 · J. 马扎诺著；崔昕译.— 郑州：大象出版社，2018. 11
(国外当代教育研究译丛.精准教学系列)
ISBN 978-7-5347-9971-6

Ⅰ.①参… Ⅱ.①蒂… ②罗… ③崔… Ⅲ.①课堂教学—教学设计 Ⅳ.①G424. 21

中国版本图书馆 CIP 数据核字(2018)第 249982 号

出 版 人 王刘纯
责任编辑 阮志鹏 张 阳 张 欣
责任校对 安德华
装帧设计 张 帆
出版发行 大象出版社(郑州市开元路 16 号 邮政编码 450044)
发行科 0371-63863551 总编室 0371-65597936
网 址 www.daxiang.cn
印 刷 河南新华印刷集团有限公司
经 销 各地新华书店经销
开 本 787mm×1092mm 1/16
印 张 8
字 数 103 千字
版 次 2018 年 11 月第 1 版 2018 年 11 月第 1 次印刷
定 价 20.00 元
若发现印、装质量问题,影响阅读,请与承印厂联系调换。
印厂地址 郑州市经五路 12 号
邮政编码 450002 电话 0371-65957865

浙江省卓越教师培养协同创新中心
2017—2018 年度重点项目“教师教学设计应用模式研究”成果

浙江传媒学院教师教学发展中心合作成果

精准教学系列

“精准教学系列”（The Essentials for Achieving Rigor Series）这套教学指导书有助于教育工作者在实施、监控和适应教学方面做到得心应手。本系列采用了日常示例作为课堂应用的范例，使之具有即时的实践效果。

《确定关键内容：把握重点的方法》

《言之有理：提出与辩护主张的方法》

《记录与表征知识：准确组织与总结内容的方法》

《区分异同：深度理解的方法》

《加工新知：参与学习的方法》

《梳理知识：检查深度理解的方法》

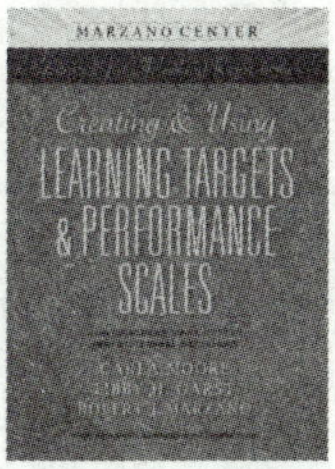

《编制与使用学习目标和表现量规：教师如何作出最佳教学决策》

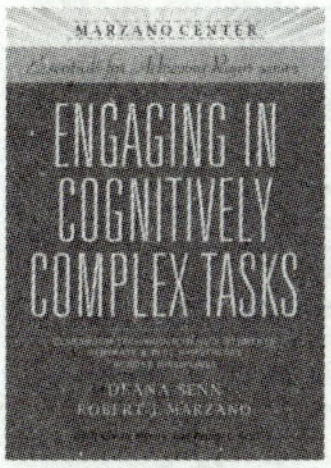

《参与综合认知任务：跨学科提出与检验假设的方法》

《操练技能、策略与过程：熟能生巧的方法》

《组织学习活动：小组互动方法》

《标准驱动的课堂：精准教学的实践模式》

致　谢

国际学习科学组织（Learning Sciences International）感谢以下审稿人的帮助：

克里斯托弗・鲍文
（Christopher Bowen）
田纳西州，约翰逊城，自由钟中学，
2014 年田纳西州年度优秀教师候选人

托德・E. 沙帕
（Todd E. Chappa）
密歇根州，波蒂奇，湖心区小学，
2014 年密歇根州年度优秀教师候选人

梅丽莎・柯林斯
（Melissa Collins）
田纳西州，孟菲斯，约翰・P. 弗里曼选修学校，2014 年西田纳西州年度优秀教师

伊丽莎白・戴
（Elizabeth Day）
纽约州，梅卡尼克维尔，梅卡尼克维尔学区中心学校，2005 年纽约州年度优秀教师

艾利森・弗雷德里克斯
（Allison Fredericks）
佛罗里达州，斯图亚特，大卫・L. 安德森博士中学，数学教师

劳拉・霍林
（Laura Holling）
佛罗里达州，斯图亚特，马丁郡高中，英语语言艺术教学团队负责人

凯瑟琳·科赫勒运

（Katherine Koch-Laveen）

明尼苏达州，苹果谷，苹果谷高中，2001 年明尼苏达州年度优秀教师

德里克·水上

（Derek Minakami）

夏威夷州，卡内奥赫，卡内奥赫小学，2001 年夏威夷州年度优秀教师 / 首席

乔恩·帕洛特

（Jon Parrott）

爱荷华州，厄本代尔，厄本代尔高中，2014 年爱荷华州年度优秀教师候选人

克里斯·普拉斯

（Chris Pruss）

康涅狄格州，丹伯里，丹伯里公共学校，8 年级文化课程主任

蒂芙尼·理查德

（Tiffany Richard）

堪萨斯州，奥拉西，奥拉西东部高中，2012 年堪萨斯州年度优秀教师

梅格·斯特罗纳特

（Meg Stronat）

印第安纳州，费舍尔，康伯兰道小学，2014 年印第安纳州年度优秀教师候选人

作者简介

蒂娜·森 (DEANA SENN)，环境卫生工程学硕士，教学策略和课堂评估专家。她是学习科学马扎诺中心（Learning Sciences Marzano Center）的首席内容开发师和资深职业培训师。森女士在课程、教学和评估方面的经历跨越美国和加拿大两国，不管在农村还是在城市，她一直是学校、学区、地区和州级的教师和领军人。她毕业于得克萨斯州农工大学，并从蒙大拿州立大学获得硕士学位。森女士在教学和学习方面有丰富经验，为改善教学实践提供了独特的视角。

罗伯特·J. 马扎诺（ROBERT J. MARZANO），博士，马扎诺研究实验室首席执行官，学习科学马扎诺中心教师和领导评估执行主任。作为教育领域的杰出研究者，他是一名演说家、培训师和作家，发表论文 150 多篇，涉及教学、评估、写作及实施标准、认知、有效领导和学校干预等。他还撰写著作 30 多部，包括《教学的艺术与科学》（ASCD，2007）和《差异化教师评估》（ASCD，2013）。

卡拉·摩尔（CARLA MOORE），教育学硕士，是一位经验丰富的专业开发人员、教师和管理者，负责监督国际学习科学组织的内容和产品开发，特别强调教师和管理人员工作的有效性。10多年来，她作为学习科学专业开发团队的一员曾担任过许多职务，其中包括佛罗里达州圣露西县公立学校的教学质量主任。她参与领导了“马扎诺教师评价模型”的实施，并在区域内开展培训，以达成学生成就的战略里程碑。她为 K–12 教育作出的贡献取得了全国性的认可，获得了 2013 年佛罗里达州人力资源发展协会年度奖、施乐齐中心会议奖学金以及宝藏海岸新闻终身成就教育奖等。此外，她对州和国家论坛的观众提出挑战，推动教学卓越领域不断发展壮大。

彭妮·L. 塞尔（PENNY L.SELL），教育学硕士，在公共教育领域有 30 多年的工作经历，担任过教师、教学主管、培训师和咨询师等多个职务。她在中密歇根大学获得了特殊教育专业硕士学位，在中佛罗里达大学获得了教育领导学学士学位。

目 录

引　言

《参与综合认知任务：跨学科提出与检验假设的方法》，旨在帮助学生熟练运用所学的知识，将本书作为一种参考资源来改进教学实践的特定方面。

本书可以为教师提供基于实证研究的教学策略（如马扎诺教学框架中所涉及的），来改善教学实践。本书还可以帮助教师在课堂上实施精准的教学策略，使学生达到各类标准的要求，如《共同核心国家标准》（*Common Core State Standards*）、《新一代科学教育标准》（*Next Generation Science Standards*）、《社会研究国家标准C3框架》（*C3 Framework for Social Studies State Standards*）、基于或受《大学与职业准备锚定标准》（*College and Career Readiness Anchor Standards*）影响的各州立标准。

本书可以帮助所有年级和学科的教师提高运用“参与综合认知任务”这一教学策略的能力。聚焦综合认知任务这一技能，你将能专注于该教学策略的细微之处并细致地作出改进，并进一步在具体教学实践中有意识地规划、实施、监控、调适、反思这一策略。正像马扎诺和托特（Marzano & Toth，2013）所说，一个想成为专家的人会有其独特的策略：

◇把教师专业发展所需的特定技能加以具体分解。

◇专注于在实践或日常活动中改进特定的关键技能模块（而非简单的任务）。

◇获得即时、具体和可操作的反馈，特别是从更有经验的教练那里得到评价。

◇在更具挑战性的水平上，不断练习每个关键技能直到掌握。对已经掌握的技能则尽量减少时间投入。

“精准教学系列”就是基于上述方法，专注于分解教师专业成长所需特定技能，提供日常的实用建议，以帮助教师更得心应手地运用这些技能。

基于马扎诺教学模式

“精准教学系列”基于“马扎诺教学框架”（Marzano Instructional Framework），即以研究为基础，为教育工作者提供将教学实践与学生学业成就联系起来所需的工具。本系列使用了马扎诺教学模式（Marzano Model of Instruction）的关键术语。表 1 中提供了这些关键术语。

表 1　关键术语表

术语	定义
《共同核心国家标准》（CCSS）	《共同核心国家标准》是由共同核心国家标准计划（CCSSI）开发的标准文件的正式名称，其目的是为美国学生的大学深造和职业生涯做好准备
《大学与职业准备锚定标准》（CCR）	《大学与职业准备锚定标准》是一个较为宽泛的说明，包含针对各年级和特定内容领域的具体标准
预期结果（Desired result）	由于实施一项具体策略而对学生提出的预期结果
监控（Monitoring）	在实施具体策略时，检查学生是否达成预期结果的行为
教学策略（Instructional strategy）	已经证实的、在课堂教学中较可能提高学业成就的一类方法
教学方法（Instructional technique）	用于使学生掌握和深入理解知识和技能的方法
内容（Content）	学生达到标准要求所需的知识和技能
支架（Scaffolding）	有针对性地提供支持，从而使认知复杂性和学生自主性达到精准目标
拓展（Extending）	将已经达到预期结果的学生提升到更高理解水平的活动

数十年来，教育趋势犹如钟摆一般一直摇摆不定。教育工作者在规范的清单式教案和循序渐进的课程计划之间徘徊，目的都是帮助教师实现教学自主，然而他们在教学科学以及教师的责任方面考虑得非常少。在这些精确解释有效教学的方法中，往往缺少两种做法：（1）预期结果的具体陈述；（2）基于研究的坚实连接。马扎诺教学框架提供了一个全面的系统，详细说明了什么才是教师使用基于研究的教学策略所需要的。从这个坚实的教学基础出发，教师可以将教学的科学与自己独特而又有效的教学风格相结合，这就是教学的艺术。

《参与综合认知任务：跨学科提出与检验假设的方法》将帮助你成长为高水平的创新型教师，使你能够实施这一策略，并开展支架教学和拓展教学以满足学生的一系列需求。

精准教学系列

“精准教学系列”详细介绍了基本的课堂策略，以支持教学中复杂的转变，这对于所有学生所需的精准教学环境来说是必不可少的。本系列介绍的教学策略对有效地教授《共同核心国家标准》《新一代科学教育标准》或学校所在区、州指定的标准至关重要。这些严格标准需要更深入的理解，运用更有效的策略加以更广泛的实施，从而使学生能够展现出标准所要求的知识和技能。本系列包括适用于所有年级和学科领域的教学方法，还包含针对具体年级的实例，可作为教师在课堂中应用的样例和落脚点。

无论教授哪个年级和学科，熟练运用这些策略对学生掌握《共同核心国家标准》或其他标准来说都至关重要。“精准教学系列”中涵盖的其他教学策略，例如如何做到言之有理和引导学生参与综合认知任务，体现了如何满足严格标准所需的认知复杂性。作为一个系列，这些策略乍看起来似乎有些令人生畏。因此，本系列将在每本书中仅关注一个具体策略。

在教学生知识技能的背景下，参与综合认知任务对于精准课堂的学习来说至关重要。若教师能够更加熟练地实施这一策略，他将看到学生在课堂上运用所学知识技能方面会发生显著变化。学生不仅能够理解课程标准所要求的基本知识，而且也能够在新的情境下加以运用。不管所涉及具体的标准是全国性的、州一级或者是地区的要求，学生都将从教师的这方面专长中获益，并参与到综合认知任务中。请想象一下教师为学生设计的终极目标：学生能够卓有成效地运用其所拥有的知识和技能。总之，这一教学策略侧重于培养学生能够在较为综合的认知任务中运用其所获得的知识。

参与综合认知任务

本书主题所提到的综合认知任务，要求学生具备高阶思维能力，能针对课堂所学知识最终掌握提出并验证假设的技能。这些任务极具挑战性，要求学生能够作出决定、解决问题、开展实验或调查，而教师很难在课堂上观察到学生对这些技能的具体掌握情况（Marzano & Toth，2014）。

对学生而言，有效参与综合认知任务的核心是具有提出并支持主张的能力。想要拥有提出并支持主张的能力，你和学生必须掌握一种结构严谨的方法，包括以下步骤：（1）陈述主张（state a claim）；（2）建立根据（establish grounds）；（3）提供支撑（provide backing）；（4）构建限定（frame qualifiers），包括描述性反义词以及识别四种思维错误中的一种或多种错误（逻辑混乱、指向错误、论据不足或信息误导）。

教师需要提供资源与教学内容，让学生了解提出并支持主张所需的词汇和思维过程。学生一旦熟悉这些内容，就可以运用诸多解决问题的方法来应对要求更高的任务，即针对已知知识提出并检验相关假设。

如果你以前没有教过学生如何正式陈述和支持主张，则可以利用本系列中较早的一本书《言之有理：提出与辩护主张的方法》来进行教学铺垫。该书中介绍了几种方法，学生利用这些方法能够掌握如何利用证据支持主张及判断、如何提出并辩护与内容相关的主张、如何识别并分析作者作品中的主张、如何判断作品中的推理与证据。这些方法能够向学生展示提出并支持主张的思维过程，为学生理解并深度掌握相关知识内容奠定重要基础。这些方法为学生新的思考层次提供了所需的精准性，即针对所学内容提出主张，提出、检验与知识相关的原始假设。

要充分了解这一教学策略，教师需要在典型的学习周期或在系列教学活动中把握它的来龙去脉。在每个学习周期中，教师需要有效运用各种教学策略，有意识地让学生参与更多的综合认知任务，并让学生在思考与学习过程中逐渐承担更多责任，产生强烈的责任感。你的最终目标是让学生能够参与与关键内容相关的综合认知任务。

需要注意的是，在教师期望学生能够利用知识提出和检验假设之前，学生自己也需要学习、练习并加深对内容的理解。在实施各种教学策略时，教师应确定和规划好教学策略之间的相互依存关系和累积效应。我们用一个相互依存的样例做一个简短的总结：教师一旦明确了**关键内容**，下一步就需要将关键内容**分块**，并与学生一起**预习**。随后，教师应该要求学生对该内容进行**认知加工**。在学生初步掌握所学内容之后，教师还应进一步提出问题，要求学生根据相关内容进行**推论**或**详细描述**，以此拓展学生的理解能力。教师如果想监控学生是否已内化关键内容，可以要求他们**记录**、**表征**甚至**反思**这些知识。最后，教师还应要求学生结合所学内容**检查推理**。

如果以上斜体标注的教学策略不一一执行，那么即使单独执行其中几项也无法达到预期结果。当然，如果有教师能够运用教学方法巧妙地融合所有策略，也是能达到总体预期结果的。

在整个学习过程中，尤其是在某一单元或章节学习活动的高潮阶段，学生应该参与其中，在活动中尝试运用自己的知识和技能。在提出并支持主张、提出并检验假设的过程中，学生超越了基本的认知水平，通过在新情形下分析自己对内容的理解，培养了能力和信心。

有效实施参与综合认知任务

有效促进学生参与综合认知任务包含两方面内容：（1）充分理解提出并支持主张的过程，这是本教学策略的核心；（2）充分考量运用该策略所需的条件。

理解提出并支持主张的过程

有效实施参与综合认知任务，需要对提出并支持主张的过程有一个基本的了解。如果你不熟悉《言之有理：提出与辩护主张的方法》一书中提出的方法，可参考表 2，其中介绍了提出并支持主张的相关步骤和词汇。本书后续也将围绕该表开展更为详细的描述，以及展示如何运用。

表 2　学生如何提出并支持主张

步骤	定义	样例	教师注释
陈述主张	学生基于对先前内容的理解（之前所学）陈述主张。他们可以通过以下两种方式提出主张：（1）基于已掌握的知识，学生通过深化观点提出主张；（2）教师针对讲授内容提出提示性或引导性的问题，学生通过回答提出主张	不列颠之战是第二次世界大战中具有转折性作用的一场战役	在开始寻找证据支持主张前，学生必须明确自己的主张

（续表）

步骤	定义	样例	教师注释
建立根据	学生收集支持主张的证据，此类证据可标注为**根据**。根据包含了最有利的和最具说服力的证据	如果英国被打败，德国就有可能集中所有力量去击败苏联	支持主张的证据可能是以下四种之一：（1）常识（common knowledge）；（2）专家观点（expert opinion）；（3）实验依据（experimental evidence）；（4）事实信息（factual information）
提供支撑	收集与证据相关的附加信息，证明证据的有效性。通过观察和调研挖掘出的证据可作为支撑的基础	在诺曼底登陆战役期间，德军无法利用不列颠群岛重新集结部队	支撑的提供取决于论证内容、主张的复杂程度和学生对附加信息资源进行更为广泛研究的能力
构建限定	学生收集用作限定条件的证据。限定证据决定了学生提出主张的有力程度，有助于考量反面证据对主张的削弱或破坏程度。构建限定的过程同样包含找出反驳观点中的常见思维错误，削弱反驳	与此同时，其他一些主要国家也在与德国发生战争，还有其他一些前线正在发生着战斗	限定是陈述和支持主张的重要内容。其用于帮助学生理解陈述和支持主张的过程比寻找有说服力的证据更为重要。它也包括解释那些不应被忽视的、与观点相矛盾或令人困惑的证据。学生的主张中常见的限定性逻辑错误包括统计信息不足、逻辑混乱、指向错误、论据不足或信息误导

引自马扎诺（Marzano，2007）、马扎诺与赫夫尔鲍尔（Marzano & Heflebower，2012）、奥卡西奥与马扎诺（Ocasio & Marzano，2015）

认真考虑实施所需条件

想要有效实施本书中提到的方法，教师需要考虑以下条件：（1）你给予学生的选择程度；（2）你给予学生的自主程度；（3）你分配给学生收集证据的时间；（4）你给予学生的指导和帮助；（5）你给予学生提供资源的种类和数量；（6）综合认知任务的总时长。在实施之前，你可能并不完全理解或认同这些条件，但在学习各种课程样例时，请结合学情与教学内容在脑中充分考量。

你给予学生的选择程度

在实施过程中给予学生一些选择权，同时划定界限以确保学生能够关注重点内容。提供一系列的材料、资源或具体指南，为学生提出并检验假设提供参数。然而，不要告诉学生证明或反驳假设所需要的确切步骤。

你给予学生的自主程度

当你第一次实施综合认知任务时，学生并不了解如何开展学习，特别当学生不习惯对自主学习作出决定时，其表现尤为明显。在开始阶段，你需要投入更多的时间来指导和帮助他们。渐渐地，学生将明确你的期望，这时你可以减少干预，让他们独立工作，让他们有时间思考、辩论，甚至再努力一点，但是不要完全忽视学生遇到的挫折。有效实施综合认知任务的秘诀就是尽全力确保学生一直在思考。

你分配给学生收集证据的时间

让学生有足够的时间去收集证据支持结论，这是实施这一教学策略所要考虑的重要因素。无论你是在开展短期的综合认知任务还是长期项目，学生都需要时间来得出自己的结论并用证据支持它们。

你给予学生的指导和帮助

提前做好计划，在每个综合认知任务中全程为学生提供支持。提供指导和支持的第一步是确保所有学生都了解任务涉及的复杂步骤。在任务开始时，准备好为学生同时提供口头和书面指导。有些教师喜欢在开始任务之前让学生阐述任务的过程，以确保所有学生都了解步骤。

学生参与综合认知任务是一种非常明显的互动行为。你可以在教室内走动，帮助或监控学生，也可以提出指导性问题，支持学生展开更高层次的思考。在任务进行过程中，不断向学生提供反馈意见。询问其探索性的问题，你要有意识地思考如何促进而不是说教、引导而不是指挥学生开展活动。

你给予学生资源的种类和数量

寻找各种资源，在学生分析想法并得出结论的过程中对其提供帮助。学生的成功取决于你是否通过辅导和支持促进他们的学习。确定学生需要的资源，如有必要，可以事先为学生提供必要的资源。例如，在图书馆馆藏中添加潜在资源，在执行任务期间向学生开放。如果学生需要访问互联网，可引导其访问最适用的网站。如果你愿意，也可提供一些质量较差的材料，让学生通过比较选择出最佳资源。其最终目标是让学生自己决定哪些资源是有价值的，并用它来支持或检验自己的假设。

综合认知任务的总时长

综合认知任务通常被视为长期项目，往往需要数小时的研究或实验，以及很多个课时才能完成。一些综合认知任务确实属于这一类。然而，假设的提出和检验也可以在短期课程中进行，此类课程为长期开展的综合认知任务奠定了成功的基础。本书中每个章节都设有一些时长不同的综合认知任务样例。

与有效实施综合认知任务相关的教师行动

与有效实施综合认知任务相关的教师行动有很多。以下所述并不详尽，但它呈现了有效综合认知任务中教学、示范及支持等行为的多样性和复杂性：

◇在阅读提示时为学生展示出声思考。

◇教授学生并为其示范如何提出假设。

◇为学生提供阅读和讨论其他假设的机会。

◇确定检验假设的基本步骤。

◇学生在计划如何检验假设时，为他们提供指导。

◇教学生如何记录能够证明或反驳主张的证据。

◇为学生提供机会检查并分析展示内容对观点的支持强度。

◇示范如何得出结论，为学生解释其假设被确认或被否定的原因。

◇要求学生运用证据支持结论。

◇巡视教室，及时为学生提供帮助。

◇提出问题，帮助学生自我反思。

常见错误

当你开始实施此策略时，请首先考虑如何避免以下常见错误。这些错误可能会影响你的教学，并使学生的学习最终脱离正轨：

◇教师没有提出需要通过综合认知活动才能回答的问题。

◇教师没有期望所有的学生都陈述自己的主张。

◇教师没有放手让学生承担独立思考的责任。

◇教师在要求学生提出假设后，没有按照既定步骤形成结论、进行评估。

没有提出需要综合认知反应的问题

综合认知任务通常是要求最为严格的认知活动，你应该要求学生按照典型的学习周期开展学习，确保任务处于预期的综合认知层次，这通常与学习目标的综合认知层次相同。

没有期望所有学生陈述主张

当教学时间紧张的时候，你可能会试图以几个学生的回答来代表整个班级的思维。然而，生成主张或提出假设的重要之处并不在于以班级作为一个整体提出了一个主张或假设，而在于学生有机会检查自己的思想以形成一个假设。确保教学结构设计到位，以便所有学生在开始综合认知任务时都有机会获取指导，并最终陈述自己的观点。

没有预期并允许学生自己思考

如果学生没有检查自己思想的习惯，他们很可能就不知道如何开始综合认知任务这一过程。所以出于好意，你最好先示范任务过程，告诉学生该如何思考，而不是直接指导他们检查自己的思想。提出并检验假设的目的是让学生学会如何检查自己对某一主题的理解和想法。如果你告诉了学生该如何思考，如何开展综合认知任务，那就意味着你已替代他们进行思考。

要求学生提出假设后，没有坚持到底

毫无疑问，你可以将预测（提出假设）作为你常规提问教学方法的一部分。大声朗读时，你可以要求学生预测主角会发生什么。在进行实验时，你可以让学生预测将两种化学物质混合在一起时会发生什么。这些预测虽然重要，但只是一个开始的步骤。在参与综合认知任务的背景下，你必须要求学生坚持到底并检查证据是否能支持他们的预测。

监控预期结果

当学生参与各种综合认知任务时，你最重要的教学任务就是监控他们的进度。在学生单独学习或小组合作时，你额外的关注将会为他们的学习带来极大的回报。当学生参与运用其中一种方法时，请查看学生个体或小组所有成员是否都能解释其假设。确定他们记录的证据是否真的支持任务开始时他们所提出的预测或主张。时刻关注可能会遇到学习困难的学生，帮助他们解决困难，以便他们能够充分利用分配的时间。如果学生看起来偏离了轨道，则需要及时引导或帮助他们重新明确方向。当教师给学生机会让他们基于所学知识按照步骤重新检视所学时，学生可以学到更多，也更容易牢记知识。以下一些标准，可以帮助你确定学生是否能够参与综合认知任务：

1. 提问时，学生能够解释他们正在检验的假设。
2. 学生能够检验他们的假设。
3. 学生可以鉴别支持或驳斥他们假设的证据。
4. 学生可以解释证据能否证实或驳斥他们的假设。
5. 学生可以解释证据如何证实或驳斥他们的假设。
6. 学生可以解释可能影响他们假设的常见逻辑错误。

本书中描述的每种方法都有针对性的监控示例。

开展支架教学和拓展教学满足学生的需求

监控的目的是收集证据，以便了解学生实施具体方法的进展情况。通过监控你会注意到，如果没有广泛的支持和指导，有些学生无法完成综合认知任务，而有些学生则能够快速完成综合认知任务，并需要更多的挑战来以不同的方式运用他们的知识。我们为每种方法都提供了样例，解释如何提供支架教学和拓展教学。

支架教学针对认知复杂性和学生自主性提供支持，以达到严格的教学要求。你可以为需要帮助的学生提供以下四类支持（Dickson，Collins，Simmons & Kame'enui，1998）：

◇依靠学习同伴、教学助手或其他专业辅助人员提供帮助。

◇控制教学内容的难度级别（例如，针对相同内容提供更简单的阅读材料）。

◇将内容切分为较小的模块，使其更易于被掌握。

◇任务的每个步骤中，都让学生组织者明确要求并提供指导。

拓展教学主要面向已经达成预期教学结果的学生，并要求他们达到更高的理解水平。书中提供的案例主要用作建议，你可以根据学生的具体需求进行调整。书中使用支架教学的案例可以在你为特殊学生设计教学计划时激发灵感，包括英语学习者、接受特殊教育或缺乏支持的学生，或者是仅仅缺课一天的学生。拓展教学活动可以帮助你为有天赋和有才华的学生做好计划，也可以为已具备一定基础知识并对科目有强烈兴趣的学生做好准备。

教师反思

就像你想获得或改进的任何方法一样，反思是至关重要的。以下一组问题从简单反思，例如如何开始实施综合认知任务，逐渐发展为在学生提出并检验假设过程中，如何帮助他们成为自主学习者这一更复杂的方式。

1. 在你的学生完成每一种综合认知任务的过程中，如何确保你和学生能够整合每个任务的步骤?

2. 如何提供资源和指导协助学生参与综合认知任务?

3. 在学生提出并检验假设时，如何监控学生分析自己想法的程度?

4. 为满足学生独特的需求和使学生在特殊情况下进行综合认知任务，如何调整并制定新的策略?

5. 你在调整和制定新策略时对学生做了哪些了解?

促进学生参与综合认知任务的教学方法

让学生参与综合认知任务有很多方法。选择合适的方法帮助学生检查他们的想法、思维过程和逻辑，需要依据你所教授的年级、内容和班级组成。这些不同的方法或选择被称为教学方法。在接下来的章节中，你会发现有六种方法可以让学生参与综合认知任务，例如：

◇教学方法 1　调查（Investigating）

◇教学方法 2　问题解决（Problem Solving）

◇教学方法 3　决策（Decision Making）

◇教学方法 4　实验探究（Experimental Inquiry）

◇教学方法 5　发明（Inventing）

◇教学方法 6　学生设计任务（Student-Designed Tasks）

所有这些方法都具有相似的结构，包括以下组成部分：

◇对教学方法的简要介绍。

◇有效实施教学方法的途径。

◇在实施该方法时，需要避免的常见错误。

◇运用不同文件中的学习目标或标准时，小学和中学课堂中的正例和反例。

◇监控预期结果的方法。

◇提供支架教学和拓展教学以满足学生不同需求的方法。

教学方法 1　调查

在这种方法中，学生们针对某一具体想法、事件或概念，调查其他人所说或所写的内容，据此提出一个假设并进行检验。调查共有三种类型，表 1.1 描述了这些类型并列出了一些可能出现的提示，你可以在调查的开始阶段用这些提示激发学生们的思维。

表 1.1 调查的类型

调查的类型	调查的描述	激发调查的建议性提示
历史调查（Historical）	要求学生为历史事件构建合理的情境，而史料对该事件尚未有统一结论	◇该事件如何发生？ ◇该事件为何发生？ ◇针对该事件表明立场
预测调查（Projective）	要求学生运用通过调查获取的知识对未来或假设事件进行预测	◇如果……会发生什么？ ◇预测……会如何解决？ ◇如果形势改变，可能会发生什么？
界定调查(Definitional)	要求学生描述地点、事物或概念的特性	◇……的显著特征（important features）是什么？ ◇……的本质属性（defining characteristics）是什么？ ◇……的不同特征（differing features）是什么？

改编自马扎诺（Marzano，2007）

如何有效实施调查方法

教师与学生有效实施调查方法可分为四个步骤：（1）利用现成的调查计划模板，简要介绍调查工作的各个步骤；（2）教师教授并演示如何提出并支持自己的主张，具体步骤如前所述；（3）选择合适的提示性问题开始你的调查课；（4）在学生实施调查任务期间提供资源和指导。

使用调查计划模板

在向学生介绍调查方法之前，请先参考表 1.2 所示的调查计划模板。乍看起来，该模板似乎像是一个教学计划。其实不然，它是一个“思考”的计划。

该计划分为三部分：计划的第 1 部分为教师向学生提示或提出问题之前需要采取的行动步骤。你需要回答这些问题，帮助你确定调查的关键内容。学生将在本节课中进行“思考”工作。但是，这一方法只有教师自己提前做好“思考”工作才会成功。计划的第 2 部分包含了学生将基于第 1 部分确定的调查参数提出并支持自己主张的行动步骤。第 2 部分中的计划问题旨在提醒你在运用该方法前提前做好许多决策，其中一些因素甚至在策略介绍阶段就需要予以考虑。计划的第 3 部分包括两个步骤，需要教师在学生调查期间采取行动。

表 1.2 调查计划模板

1. 用于教师行动步骤的计划问题	
明确学习目标	本任务服务于哪个学习目标？
确定主题	你想让学生研究什么主题？该主题是否与学习目标一致？
确定调查类型	什么类型的调查最契合该主题和学习目标？ 有关调查类型的各种说明，参见表 1.1
明确问题或提示	你将用什么问题激发学生开展调查？表 1.1 提供了适用于各种调查类型的建议性提示 你的问题或提示是否符合学习目标的认知水平？
2. 用于学生行动步骤的计划问题	
陈述主张	你要求学生如何陈述自己的主张或回答这个问题？ （分组还是体现在课业笔记本上？ ）
明确已知的内容	你可以开展哪些活动？ 你将提供什么资源？ 学生将如何建立根据并支撑主张？
找到混乱或矛盾之处	为帮助学生找到混乱和矛盾之处，你将提供哪些指导？
提出合理的解释	你如何提示学生得出结论？ 你将如何要求学生运用根据、支撑和限定支持自己的结论？
反思最初的主张	你将如何要求学生将结论与最初的主张进行对比？

（续表）

3. 实施过程中，用于教师行动步骤的计划问题	
监控计划	学生在调查时，你如何检查他们分析自己想法的情况？
调整计划	对于需要支持或拓展学习的学生，你会做些什么？

教授并示范提出并支持主张的步骤

一旦你已经教授并示范运用上述方法的步骤，学生将很容易地适应这三种类型的调查以及本书中的其他方法。

1. 陈述主张

学生们准确地提出他们希望通过调查证明的内容。学生应该根据以前对某个主题或事件的了解，提出自己的主张。

2. 明确已知的内容

学生首先需要研究与该问题相关的已知知识，并将其作为这项任务的开端。在研究中，他们逐步发掘信息，用证据对自己的主张形成支持，这些证据称为根据与支撑。学生可以通过你所提供的文章或文字材料进行研究，也可以使用印刷和数字资源自己查找信息。如果使用后一种方法，请确保你已经教会学生如何恰当地使用数字资源。不要直接为学生提供所需的信息。调查的重点是让学生独立寻求信息。随着调查过程的展开，学生可能会偶尔获得一些相关概念或事件的事实，但是，这并非是让学生寻找根据、支撑和限定的根本目的。根本目的应该是促进学生提高参与综合认知任务的能力。在整个研究过程中，学生需要整合他们在搜索中发现的信息，而不是简单地重述。

3. 找到混乱或矛盾之处

学生必须找到已知信息中的所有混乱或矛盾，并确定哪些信息最有助于支持自己的主张。随着调查的深入，学生们可能会发现说明同一概念或事件的不同资源存在相互矛盾或表述混乱的情况。此时你需要帮助学生理解，使他们明白即使是同一领域的专家们也经常会意见相反。这并不意味着资料的来源不可靠，而只是不同专家对同一个概念持有不同理论或对同一事件采取了不同立场。学生不仅要准备好了解这些限定，还需要指出信息中常见的逻辑错误。

4. 提出合理的解释

为了支持自己的原始主张，学生必须提出一个合理的解释，一个能对原始提示作出回应的结论。学生需要通过阐释收集证据，且该证据能对结论提供支持，并解决所有混乱或矛盾的信息。

5. 反思最初的主张

学生将自己的结论与最初的主张进行对比，这可以帮助他们理解收集到的信息可能并不总是支持他们的主张。学生不需要修改主张，也不应该为了分数去加强主张的支持力量。提出和支持主张的目的，是让学生在调查时能够分析他们对主题的原始思考。调查结果不会产生正确或错误的答案，只会得出证据确凿的主张。该主张中，学生已经调和了证据的矛盾之处，剔除了推理的逻辑错误，这些问题都可能会影响主张的说服力。同时也存在这种情况，学生们发现，他们的原始主张在很大程度上得不到证据支持，甚至被证据证明是错误的。

以激励性提示开始调查课程

在教授和示范过程中，你需要用激励性提示开始调查课程。只有提供与关键内容密切相关的提示，学生才能自发地据此提出主张。一个精心设计和创新的提示能激发学生的先前知识，并能使其想起在之前的学习中所遇到的问题或有趣的想法。可以用关键问题的形式进行提示，为调查提供催化剂。不同的提示效果大相径庭，有的可以有效推进教学，有的则无法唤起学生的学习动机。一个精心设计的提示可以让学生在整个调查过程中全身心投入。

为有效实施调查任务提供资源和指导

有经验的教师不仅在综合认知过程中经常检查，而且还会提前做好计划，了解情况并确定任务过程中如何以及何时提供资源和指导。如以下所列的事项：

◇如果学生没有识别常见逻辑错误的经验，请多花些时间给他们示范如何查找和分析逻辑错误。

◇有些教师认为提供一个模板会对学生有所帮助，可以让学生在学习调查时掌握结构和获取指导。表 1.3 提供了样例模板，供学生在调查过程中使用。

◇学生可以使用清单来帮助他们组织调查过程。

◇教师可以使用同伴互助来帮助学生检查他们是否正确开展了调查。同伴互助可以审查资源，评论支持主张的证据，并对草案提供反馈意见。

表 1.3 用于调查的样例模板

陈述主张（回答问题）		
有关该主题你所知道的		
根据 1	根据 2	根据 3
支撑依据	支撑依据	支撑依据
限定（混乱 / 矛盾）	限定（混乱 / 矛盾）	限定（混乱 / 矛盾）
结论（用根据与支撑支持）		

常见错误

在实施这一方法之前，教师应该考虑避免一些常见的错误，以便能够更有效地推进教学：

◇教师要求学生重述事实而不是阐述和支持其主张，这会让学生失去分析自己的思想的机会。

◇教师没有要求学生用证据支持主张。

◇教师要求用证据来支持主张，但却轻易接受不充分或不正确的证据。

◇教师没有要求学生解决矛盾或混乱之处。

◇教师直接告诉学生如何解决矛盾或混乱之处。

运用调查法的正例和反例

正例和反例为教师实施调查法提供了课堂快照。这些例子可能与你教授的年级、科目不同，但请将其视为一种学习新方法或用新视角思考教学的机会。针对本书中的每一个正例，都有一个对应的反例来帮助你加深理解，教你掌握如何实施每种类型的综合任务以及如何避免错误行为。它将具有与此方法相关的一个或多个常见错误，以帮助你避免实施中的一些错误。

小学运用调查法的正例

小学运用调查法的正例以两种方式展示：（1）引导概览课程的计划模板；（2）基于计划模板的课堂情境描述。

引导概览小学正例的计划模板

表 1.4 展示了小学科学教师如何完成表 1.2 的调查计划模板。请注意，此活动虽然有多个步骤，但有些比较简短，所以允许此活动在一个课时内完成。

表 1.4 四年级科学课的计划模板

教学步骤	教师注释
明确学习目标	本案例的学习目标是：获取并整理信息，描述来源于自然的能源和燃料，以及它们的使用对环境的影响（NGSS 4-ESS3.1）
确定主题	学生将调查天然气发电的情况
确定调查类型	这是一个界定调查
明确问题或提示	为帮助学生陈述主张，教师要求他们回答以下问题之一：如何利用天然气发电？使用该方法对环境的影响是什么？
陈述主张	学生陈述他们想象中的天然气是如何发电的，并提出该方法对环境的影响
明确已知的内容	学生观看天然气发电的视频，利用视频中的信息来构建他们的根据、支撑和限定
找到混乱或矛盾之处	学生观看不同来源的视频，并解释视频之间的矛盾之处
提出合理的解释	学生撰写简单的总结介绍天然气发电的方式以及该方法对环境的影响，以确保解决资料的矛盾之处
反思最初的主张	学生重新审视自己最初的主张，并说明证据是否能够支持他们的主张，使用他们总结出的信息说明原因

基于计划模板的课堂情境描述

学生正在研究如何从自然资源中获得能源，以及使用这些能源对环境的影响。今天的课程重点是利用天然气发电。首先，教师要求学生做一个快速的写作来回答以下问题：

> 如何利用天然气发电？ 使用这些能源对环境有什么影响？

教师提醒学生，他们应该运用所知道的煤炭发电的知识来回答这个问题，并且在课堂上他们有机会支持自己提出的主张。随后，教师播放两个短视频，解释天然气的生产方式：其中一个由天然气企业提供，另一个由环保组织提供。老师让学生分组，总结每个视频并讨论两个视频之间的矛盾。之后，学生需要撰写简单总结，说明如何利用天然气发电及其对环境的影响，以解决他们在视频中发现的所有矛盾。任务的最后一步，学生们重新审视最初的主张，并使用总结中的信息来解释这些信息如何支持他们的主张。

小学运用调查法的反例

反例中，教师提供了同样的问题：

> 如何利用天然气发电？ 使用这些能源对环境有什么影响？

由于两个视频在某些情况下相互矛盾，所以在反例中，教师决定只播放其中一个视频。随后，教师引导班级开展讨论，根据视频介绍得出问题的答案。学生在笔记本上解答问题，根据全班对视频的讨论结果，写了一两句话。反例中，教师没有要求学生陈述和支持个人主张。该班级的学生并没有开展综合认知任务，仅仅是通过视频重述事实。

中学运用调查法的正例

中学运用调查法的正例有两种方式：（1）引导概览课程的计划模板；（2）基于计划模板的课堂情境描述。

引导概览中学正例的计划模板

表 1.5 描述了高中社会学课程运用调查方法的正例。在思考该正例时请注意，中学的历史调查步骤与小学的界定调查步骤相同，不同点在于教师给学生的提示。

表 1.5 十年级社会课的计划模板

教学步骤	教师注释
明确学习目标	本案例的学习目标是：聚焦特定学科内容展开争论……以公正的方式提出主张和反对意见，为两方提供数据和证据。以学科规范形式指出两个对立观点的优势和局限性，同时要兼顾预期听众的知识水平和关注点（CCSS ELA WHST 9–10.1）
确定主题	学生针对战壕条件如何影响第一次世界大战中士兵的日常生活展开调查，涉及的多个一手史料，其观点相互冲突
确定调查类型	这是一个历史调查
明确问题或提示	教师提出问题： 战壕条件如何影响第一次世界大战中士兵的日常生活？
陈述主张	学生解释并举例说明他们是如何看待战壕条件对第一次世界大战中士兵的日常生活所造成的影响的
明确已知的内容	学生阅读多个一手史料案例，了解战壕条件如何影响第一次世界大战中士兵的日常生活
找到混乱或矛盾之处	学生回答问题： 找出两种史料之间的差异，并解释原因
提出合理的解释	学生回答问题： 这个史料比另一个更正确吗？解释为什么。抓住文本中的细节证明你的答案 学生分析史料中的信息，针对战壕类战斗对士兵生活的影响得出自己的结论
反思最初的主张	学生重新审视他们最初的主张，并解释证据能否支持他们的观点

基于计划模板的课堂情境描述

一节高中社会课正在讨论第一次世界大战的起因、结果和所造成的长期影响。教师想帮助学生理解，当不同史料中的信息相互矛盾时，他们必须整合多个相关史料的证据，根据先前的学习目标提出合理的观点并进行解释。

课程开始的前一天，教师提前要求学生写一两句话，说明第一次世界大战期间战壕条件怎样影响了士兵的日常生活。教师向学生解释，要求他们第二天对自己的观点进行辩护和支持。通过陈述主张，在课程开始之前学生已经开始了思考过程，他们可以在课程开始后直接进入调查阶段。当学生进入教室后，他们拿起两件实物：一封士兵写给母亲的描述战壕条件的信，一张士兵在战壕中的照片。他们首先查看图片，并发现他们看到的东西可以支持自己的主张。然后教师让学生分小组大声阅读信件，在每读完一段时，讨论所读内容如何支持了自己的主张，然后记下笔记。当学生读完这封信时，教师提示他们找出这两份史料之间的差异，并解释原因。针对矛盾之处，学生提出了一种可能的解释，阐述了自己相信某一史料更正确的主张及其原因，并用史料中的细节进一步证明自己的答案。在最后一步中，每名学生都独立分析了史料中的信息，针对一战中的堑壕战如何影响士兵的生活得出自己的结论，并重新审视最初的主张，解释证据是否支持自己的主张。

中学运用调查法的反例

在反例课堂上，教师提供了同样的提示问题，并按照相同的步骤进行。但是教师省略了要求学生识别两份史料之间的混乱或矛盾之处这个步骤，以避免资料中的对立观点让学生产生困惑。当有些学生指出史料中的冲突信息时，教师直接告诉学生哪一个是最可靠的。 在这种情况下教师就出现了常见错误——没有给学生机会去运用已有知识自行推理应该使用哪些信息。

确定学生能否利用调查法提出和检验假设

在学生开展调查时，需要随时监控他们是否能够分析自己的想法，解决矛盾或混乱。教师需要从一开始就建立起监控计划，设计学生调查任务时，每个步骤都要留有机会检验教学是否达到预期结果。以下是一些可能用到的监控方法：

◇让学生向同伴解释为什么提出这个主张，当学生相互解释时，教师在教室内走动并倾听，以了解谁能作出解释、谁不能。

◇为学生提供便利贴，让他们为正在阅读的资料作注释。当教师在教室内走动时，阅读这些标签，并与学生讨论。

◇请学生在索引卡的正面写下他们发现的混乱或矛盾之处，在卡片背面写下相关的常见逻辑错误。

◇根据发现的常见逻辑错误将学生分组，要求分组讨论选择该逻辑错误的原因。讨论过程中教师认真倾听。

表1.6是学生运用调查方法的熟练程度量规，可以帮助你确定学生在调查活动中的每一步是否体现了预期结果。该表可以在计划和实施调查课程时提供参考。

表1.6　学生运用调查方法的熟练程度量规

调查步骤	新手入门	基本掌握	预期达标
陈述主张	学生参与讨论可能的主张	学生能陈述一个主张	学生能够证明自己的主张
明确已知的内容	学生只能确定他们已经学习过的相关主题内容	学生能通过补充资源确定关于相关主题的已知知识	学生根据相关主题的已知知识，为自己的主张提供根据和支撑
找到混乱或矛盾之处	学生可以说明资料与主题不符之处，但他们无法说明原因	学生能识别不同资料中的矛盾之处，并确定存在混乱之处	学生能识别导致混乱或矛盾的常见逻辑错误
提出合理的解释	学生能陈述一个解释	学生能提出一个合理的解释	学生能通过说明根据和解释支撑依据来论证提出的解释
反思最初的主张	学生重述最初的主张	学生能确定最初的主张是否得到证据的支持	学生能基于所提出的合理解释，阐述为什么最初的主张得到支持或受到反驳

开展支架教学和拓展教学满足学生的需求

毫无疑问，你已经了解调查教学方法的各个步骤，知道如果严格实施所有步骤，对于部分学生而言可能太难了。你也可能会注意到，班级中有几名学生已经准备好学习该方法的更具挑战性的升级版本了。你可以参考以下建议，根据学生的不同需要，激发他们的灵感。

支架教学

◇有些学生不知道怎样着手调查，可开发潜在的资料列表供他们使用。

◇有些学生还无法运用规范的语言支持或者反驳主张，为他们列出可能用到的句子提示。

拓展教学

◇对于能够快速解析重要信息的学生，要鼓励他们根据信息对观点支持的强度对信息进行排序。

◇对于能熟练识别混乱或矛盾之处的学生，可要求他们在识别导致混乱或矛盾的常见逻辑错误过程中，创建一个循序渐进的思维过程列表。这一表格可以帮助需要此类支持的学生。

教学方法 2　问题解决

解决现实世界中的问题，也常常是教学内容的一部分，但是这类活动不同于本章所讲的综合认知任务情境下的问题解决。在本章的方法中，学生提出可能的解决方案，用于克服障碍或约束，随后检验并为方案辩护。学生需要运用既定标准检验方案、记录证据，并基于证据得出结论。

如何有效实施问题解决方法

教师与学生有效地共同解决问题，可实施以下四个步骤：（1）使用提供的计划模板，简要介绍解决问题的各个步骤；（2）教师教授并演示解决综合认知问题的步骤；（3）选择合适的提示性问题，开始问题解决课程；（4）在学生实施解决问题的任务期间，提供资源和指导。

使用计划模板

在向学生介绍问题解决方法之前，请仔细阅读表 2.1 所示的计划模板。乍看起来，该模板似乎像是一个教学计划。其实不然，它是一个“思考”的计划。该计划分为三个部分：第 1 部分为课程开始之前教师需要采取的行动步骤，其中的问题旨在帮助你明确综合认知任务中问题解决的关键内容。请注意，这里的计划问题与调查技巧中提到的问题有所不同，但是也有相似之处，学生将在本节课中进行复杂的“思考”工作。只有教师自己先提前做好“思考”工作，这一方法才会取得成效。学生为了克服障碍、实现教师在第 1 部分提出的目标，需要在预测和检验可能的解决方案时遵循第 2 部分提出的行动步骤。第 2 部分中的计划问题，旨在提醒教师在运用该方法前需要提前做好许多决策，其中一些因素甚至在策略实施之前就需要予以考虑。第 3 部分为学生在从事解决问题活动时，教师开展监控和观察活动需要采取的两个步骤。

表 2.1 问题解决的计划模板

1. 用于教师行动步骤的计划问题	
明确学习目标	本任务服务于哪个学习目标?
确定主题	你希望解决方案达成何种效果? 你的目标是否能让学生展现出学习目标提出的基本知识和技能?
明确障碍	明确学生实现目标必须克服的障碍 这个障碍能否让学生展现出学习目标要求的基本知识和技能?
给出提示	利用目标和障碍创建提示 为了引导学生得出可能的解决方案，你会问什么问题? 提示是否符合学习目标中预期的认知水平?
2. 用于学生行动步骤的计划问题	
假设一个可能的方案	你如何要求学生假设（预测）可能的解决方案?（分组还是体现在课业笔记本上?）
测试假设	你会提供什么资源? 你将在检测中设置什么参数? 你会推进哪些活动? 学生将采取什么步骤来评估结果? 学生将如何记录根据、支撑和限定?
检验结果	学生将会采取什么步骤来检验结果? 学生将如何记录根据、支撑和限定?
明确问题是否解决	为了得出结论，你会要求学生做什么? 你如何要求学生用根据、支撑和限定支持结论? 你如何要求学生将结论与最初解决方案进行对比?
反思过程	为了更好地测试可能的解决方案，你如何帮助学生识别这一过程中可以改进的部分程序? 你如何帮助学生根据他们的结果推测未来可能的解决方案?
3. 实施过程中，用于教师行动步骤的计划问题	
监控计划	学生在解决问题时，你如何检查他们分析自己想法的情况?
调整计划	对于需要支持或拓展学习的学生，你会做些什么?

教授并示范问题解决的步骤

根据学生情况及其以前的结构化问题解决经验，你得先教授并展示此方法的步骤，然后才能期望学生有效地使用它。教授并示范这一过程，需要你先使用熟悉的主题，带领学生快速了解每个步骤，用出声思考的方式演示你如何测试假设、检查结果，如何根据解决方案是否有根据、支撑和限定的支持进行决策。以下是你教授和示范问题解决时应包含的步骤：

1. 针对既定目标和必须克服的障碍，预测（假设）可能的解决方案

在学生开始解决问题任务前，选择适宜的术语：**预计**与**预测**，或者是**假定**与**假设**。预计与预测可能会更适合小学，但是教师要考虑如何和何时将它们换成更正式的术语——假定和假设，对该学术词语的理解对学生的大学学习和职业生涯是至关重要的。

让学生开展头脑风暴并讨论每种解决方案的优势，然后再要求他们明确自己选择的解决方案。当你第一次运用解决问题这一教学方法时，你可以让整个班级的学生进行头脑风暴，也可以在学习小组内开展该活动。一旦产生了可能的解决方案列表，请让每一位学生选择他们认为最有效的解决方案。请记住，让学生参与综合任务的目标是让他们使用以前获得的知识来解决问题。一定要向学生解释，他们必须用确定的信息来测试自己的解决方案并为之辩护。如果你替学生选择了你最喜欢的解决方案，就会剥夺他们利用自己的知识假定解决方案的机会。

2. 测试预测（假设）

学生针对障碍（约束），需要提出适当的解决方案以完成任务。如果学生无法以实践的方式测试他们的解决方案，教师应该建议他们根据收集到的事实资料构建一个合乎逻辑的情景，支持或反驳可能的解决方案。

3. 检验结果

在学生完成测试预测过程中，他们需要记录支持或反驳他们主张的证据。

教师需给予学生时间，指导他们记录发现，并指导他们分析这些发现如何支持他们的最初假设。

4. 明确问题是否解决

如同参与综合认知任务的其他方法所描述的一样，学生根据证据支持或反驳假设的强度得出结论。他们还应在其陈述中加入限定。教师需要提醒学生注意，并不是所有的假设都是可信的，即使他们准确地确定了假设中一个可信赖的、逻辑上可行的解决方案，他们有时还是会发现矛盾的或令人困惑的信息，从而怀疑假设的可行性。对于学生来说，假设可以得到支持，但他们必须识别限定，然后解释或处理解决方案可能无用的情况。

5. 反思过程

让学生解释测试潜在的解决方案如何影响他们对该主题的最初观点。这个元认知步骤聚焦于促进学生深入学习，帮助他们将自己视为成功的学习者。像解决问题这样的综合认知任务，为学生提供机会去认识、体会他们日益增长的利用知识解决问题的能力。

以激励性提示开始问题解决课程

你给出的提示是激发学生提出各种可行的假设的催化剂，由此学生才能通过测试假设来获取成功的经验。 确定你希望学生实现的目标或期望的教学结果；接下来，为了实现目标或期望的结果，创建或明确他们必须尝试克服的障碍或限制；最后，创建一个提示，要求学生分析自己对某个主题的想法，为打破障碍或约束提供可能的解决方案。可利用学习目标来帮助你确定目标、障碍和提示。请记住，这个综合认知任务的目标是给学生的一个机会，以展示他们所具备的与学习目标相关的理解力和实践能力。你给出的提示需要与学习目标的认知复杂性对应。

以下是一些可能会用到的提示：

◇你如何克服……？

◇你认为哪一个解决方案最有效?

◇为……制定策略。

当学生第一次尝试解决综合认知的问题时,请务必花时间让学生讨论目标、障碍和提示,以便其理解这些因素是如何共同作用的,从而提出假设。教师可考虑设计一个直接教授术语含义的迷你课程,并从学生熟悉的内容中提供一些正反两面案例。

在问题解决期间提供资源和指导

解决问题无论作为一项短期任务还是长期任务,你都应该提前做好计划,为学生提供支持以应对这一具有挑战性的方法。

问题和解决方案有无数版本的模板,可以在学生解决问题的过程中提供帮助。你可以搜索网络,轻松找到一个契合该问题的模板。在使用此类由他人准备的材料之前,请确保它们包含以下基本步骤:指导学生识别目标和障碍、创建可能的解决方案、在测试解决方案时收集证据、反思自己的解决方案是否有效。

在学生参与该过程时,他们可以互相成为彼此巨大的资源。规划具体的时间和指导方式,即你希望学生如何及何时一起学习,你希望他们何时能独立完成任务。你可能会让学生与同伴或小组成员开展头脑风暴,共同提出解决方案,然后各自选择自己想要测试的解决方案。你可以安排选择相同解决方案的学生组成小组,共同测试该解决方案,并要求每位学生各自记录证据。在学生互相交流时,你要向他们提供相关的框架结构、指导和时间要求。

选择不仅有助于让学生感受更多的控制权,也可以帮助学生更多地掌握自己的学习情况。如果可能,为学生提供选择,教会他们如何记录和展示问题解决的过程。学生可以通过幻灯片、海报、文字、视频或其他形式展示解决问题的步骤。无论是让学生选择演示方式,还是选择作品类型,需提醒学生注意应该在展示学习成果上投入更多时间,而不是美化作品。帮助学生理解，最重要的任务是清晰展现解决问题的过程，而不是展示最有趣的视频或最漂亮的海报。

常见错误

教师初次使用问题解决这一教学方法促进学生参与综合认知任务过程可能会犯以下一些常见错误。提前分析这些错误，能帮助你更有效地与学生一起实施该教学方法。

◇教师不明白综合认知任务语境中的解决问题与解决现实世界的问题是截然不同的。

◇教师直接提供可能的解决方案，让学生测试。

◇教师没有要求学生将其假设的可能解决方案与结果进行对比。

◇教师没有要求所有学生在得出结论时提供证据。

运用问题解决方法的正例和反例

以下是两组正例和反例，一组是小学的，另一组是中学的。回想一下这些反例与此方法的哪些常见错误有关，这可以帮助你避免一些错误。

小学运用问题解决方法的正例

小学运用问题解决方法的正例由两种方式展示：（1）引导概览课程的计划模板；（2）基于计划模板的课堂情境描述。

引导概览小学正例的计划模板

当你思考小学运用问题解决方法的正例时，请记住：每个示例活动都与学习目标一致，是学生展示学习的一种方式；在此示例和前面描述的每个步骤之间建立联系。表 2.2 展示了学前班科学课程运用问题解决方法的计划模板。请注意，计划表的上半部分包括课程开始前的教师行动，表格的下半部分是在解决问题过程中的学生行动。表格中“给出提示”这一步骤对应着课程的开始。在示范中，每当教师分享了提示，学生就需要承担责任，运用以前所学解决问题。

表 2.2 学前班科学课的计划模板

教学步骤	教师注释
明确学习目标	这个示例有两个学习目标：计划并开展调查，比较不同强度或不同方向的推力和拉力对物体运动产生的影响（NGSS K-PS2-1）；通过推力或拉力改变物体的运动速度或方向，运用数据分析设计的解决方案是否有效（NGSS K-PS2-2）
确定主题	施加最初推力后不再触碰球，让球转入杯中
明确障碍	施加最初推力后，学生不能再碰球
给出提示	为了让球转动进入杯中，你如何设置一个障碍轨道?
假设一个可能的方案	学生决定在何处以及如何放置物体，使球转变方向并保持移动
测试预测	学生把球传到自己的轨道上，观察球的移动轨迹是否如他们设想的一样
检验结果	学生会在障碍轨道的各处检查球的运动情况，看看它是否符合他们的设想
明确问题是否解决	学生说明他们能否转动球并让它进入杯子里
反思过程	学生说明下次会如何用另一种方案改变球的方向让它进入杯中。如果学生第一次就成功地让球进入杯子，他们可以说一说如果杯子被移动后，他们会怎样修改方案

基于计划模板的课堂情境描述

示例中，教师与学前班学生回顾了之前讨论过的相关内容，如何施加推力或拉力改变物体的速度或方向。他在黑板上描绘了不同方向的平面障碍，并要求学生与同伴预测每个障碍物将如何改变球的方向。然后，他告诉学生，今天他们将运用所学知识不触碰球而让它进入杯中。他解释说，每名同学会拿到一个球，一旦推动或者拉动球后，他们就不能再次碰球。然后他向学生展示如何放球和杯子，杯子在球前方 3 英尺（约 0.9 米）处和右侧 2 英尺（约

0.6 米）处。杯子口将面向侧面，所以不可能直接将球送入杯中，但是学生可以设置一个障碍轨道将球送入杯中。

为了让学生开始任务，教师与学生合作，并给出他们放置球和杯子的初始位置的照片。然后，他要求学生开展头脑风暴，回答以下问题：

> 你如何设置障碍轨道，以改变球的运动方向让它进入杯中？

教师给学生时间考虑，让他们与学习伙伴提出可能的解决方案，然后确定自己认为最有效的解决方案。学生还需要自己思考，画出球的行进路径。学生开展头脑风暴时，教师不断走动，检查准确性，并询问学生为什么认为他们自己的解决方案可行。然后，教师让学生静静地坐在地毯上，同时帮助其他小组选定解决方案。学生在每次试验中观察球是否如同设想的那样进入杯子。在实际操作后，学生在纸上画出球的实际轨迹。每个小组都完成实验后，教师要求每个小组汇报为什么球可以（或不可以）如他们设想的那样进入杯子。然后，该小组还要告诉其他小组成员，他们如何想出另一种轨道设置方法，让他们有机会重新思考自己对运动的理解。

小学运用问题解决方法的反例

在反例中，教师带领学生体验了正例中教师使用的所有步骤。但是，反例中的教师没有让学生动手实验，而是自己操作并为学生展示每一步，实际上学生什么都没做。教师每次要求一个学生来帮助她，但大多数学生没有积极参与。因此，大多数学生不需要应用他们所知道的知识来解决问题。如果教师做了所有的工作，就剥夺了学生自己解决问题的机会。

中学运用问题解决方法的正例

中学运用问题解决方法的正例由两种方式展示：（1）一个辅助课程开发的计划模板；（2）基于计划模板的课堂情境描述。

引导概览中学正例的计划模板

中学运用问题解决方法的正例为七年级的英语语言文学课。表 2.3 为可以指导教师示范的课程计划模板。请注意，尽管此示例和上文的小学正例为不同的学科、不同的年级，但该过程中的步骤仍然保持不变。

表 2.3　七年级阅读课的计划模板

教学步骤	教师注释
明确学习目标	本课程的学习目标是：将小说中虚构的时间、地点及角色与相应时期的历史进行比较和对比，并以此来理解小说作者如何使用或改编历史进行创作（CCSS ELA RL 7.9）
确定主题	使用细节来比较和对比实际的历史与小说，并考虑作者如何及为什么改变历史事实或保留历史事实
明确障碍	作者没有向读者提供信息，告知本书的哪些部分是基于事实，哪些不是
给出提示	历史小说的作者没有具体说明文本的哪些部分是基于文献记载的历史事实，哪些部分是因故事需要而创作的 ◇读者如何知道哪些内容是真实的，哪些是虚构的？ ◇作者如何或为什么使用或改编历史来为故事服务？
假设一个可能的方案	学生说明他们如何辨明故事中哪些内容是真实的，哪些是虚构的 学生还需说明他们如何及为什么认为作者利用或改编历史来为故事服务
测试预测	学生阅读该时期历史记录，并记录这些历史记录与小说叙述之间的相似之处和不同之处（例如事件、地点和人物）
检验结果	学生讨论为什么作者选择在文本中改编历史事实
明确问题是否解决	学生说明他们能否辨别出故事中哪些内容是真实的，哪些内容是虚构的 学生每人撰写一份分析报告，说明作者保持或改编历史事实，是否为讲述故事服务
反思过程	学生重新审视并说明能否为自己的最初预测进行辩护，或者说明自己是否需要修正观点。学生引用证据来支持或修正最初预测

基于计划模板的课堂情境描述

由于教师在该单元的教学时间有限，所以她选择使用综合认知任务——要求学生运用自己的知识，但并不需要大量的课堂时间。该班级一直在阅读20世纪20年代的小说，教师并没有简单地向学生讲述故事中与历史实际保持一致的细节，以及作者大胆对事实加以延伸以证明自己观点的实例；教师选择向学生提出一个问题，要求他们自己确定作者如何及为什么改变历史或者与历史材料保持一致。教师提供了以下提示：

> 历史小说的作者没有具体说明文本的哪些部分是基于文献记载的历史事实，哪些部分是因故事需要而创造的。
>
> ◇读者如何知道哪些内容是真实的，哪些是虚构的？
>
> ◇作者如何或为什么使用或改编历史为故事服务？

教师要求学生开展头脑风暴，针对这些问题提出可能的答案，随后再分组讨论这些答案。在学生讨论假设之后，教师给了他们两个该时期的一手历史资料，并要求学生注意这些时间段与小说中信息的不同之处与相似之处。随后，学生们讨论为什么作者可能会选择在文本中改编历史事实，并且说明他们能否判别故事中什么内容是真实的，什么内容是虚构的。每个学生都要写一篇报告，分析作者为故事叙事是否决定遵从或抛开历史事实。作为分析的一部分，教师要求学生重新审视他们的最初答案，并说明自己能否为这些观点辩护以及是否决定改变想法。学生们引用证据支持自己最初的假设或进行修正。

中学运用问题解决方法的反例

在反例中，课程也是阅读20世纪20年代的小说，教师也要求学生讨论作者改编或保持历史事实的方式与原因。由于教师在本单元的教学时间有限，他要求学生自己找出故事中与历史事实保持一致的细节，以及作者通过大胆延伸事实用来证明自己观点的实例。但是，教师没有要求学生将小说与同一时期的历史资料进行比较。课堂中没有这一步，学生只会表达观点，但不能用根据和支撑证明观点。给学生发表意见的机会应在课堂上有所体现，但是同时，学生必须明白，在综合认知任务的背景下，意见必须以证据为依据。

确定学生能否利用问题解决方法提出和检验假设

在任务的每个步骤中，教师需要及时检查学生以确保他们不会陷入困境或偏离主题，并通过深思熟虑解决问题，这些都需要提前做好有针对性的计划。以下是在解决问题任务期间如何监控学生达到预期结果的方法：

◇让学生在白板上写下可能的解决方案，并举起白板供你阅读。在课堂上快速浏览之后，特别关注那些解决方案不能反映出对课程内容理解了的学生。

◇当学生测试假设时，不断在教室内走动并询问他们的证据能否支持或反驳解决方案。

◇对于形成明确结论的学生，要求他们关注证据中的关键信息，用证据中的这些信息形成依据和支撑，支持自己的结论。在学生撰写结论之前或撰写过程中，检查关键信息是否正确。

使用表 2.4 学生运用问题解决方法的熟练程度量规，确定学生是否在解决问题的每一步达到了预期结果。

表 2.4　学生运用问题解决方法的熟练程度量规

解决问题的步骤	新手入门	基本掌握	预期达标
假设一个可能的方案	学生能从列表中选择解决方案	学生能假设可能的解决方案	学生能够解释为什么自己的解决方案将有助于实现目标

（续表）

解决问题的步骤	新手入门	基本掌握	预期达标
测试假设	学生能测试假设	学生能在测试假设时记录证据	学生能测试假设并记录证据，并将其用于支持或反驳可能的解决方案
检验结果	学生根据假设的测试情况能找出证据	学生能够记录并分析证据	学生能使用证据构建根据、支撑与限定，以支持他们的解决方案
明确问题是否解决	学生能说明解决方案是否有效	学生能对比结果与假设	学生能基于证据支持或反驳观点的依据及支撑，以此对比结果与假设。学生能发现阻碍成功实现目标的常见逻辑错误
反思过程	学生能重申预测	学生能确定假设是否得到支持	学生能根据结论解释为什么假设得到支持或没有得到支持

开展支架教学和拓展教学满足学生的需求

本方法聚焦于解决问题的基本组成部分，但你还必须了解学生的不同个性需求。你需要运用支架教学或拓展教学调整这些步骤，以满足学生们的不同需求。以下列出了一些可能会用到的方法：

支架教学

◇如果学生无法形成自己的想法，为学生提供可行的解决方案列表。

◇直接教授词语，并展示障碍的正例和反例。

◇部分学生如果在没有帮助的情况下无法完成解决问题的过程，为他们准备一份问题清单。样例问题包括：

· 你对障碍有什么了解？

· 对于克服障碍你有什么想法？

· 你如何测试其中一个想法?

· 你能提供哪些证据表明你的预测是正确的或是不正确的?

· 你的解决方案是否有用? 是否还需要新的尝试?

· 你的证据如何支持或反驳你的预测?

拓展教学

◇对问题解决有深入了解的学生，鼓励他们改编解决问题示意图，使其更适用于自己的具体问题。

◇允许学生设置自己的目标和障碍，自己解决问题。

教学方法 3　决策

决策方法是一种形式化过程，需要学生从关键内容中获取信息，从各种可能的选项中作出选择。完成决策任务要求学生预测最佳选择，随后分析自己的思路：基于预先建立的标准进行选择，判断该选择是支持还是反驳了为满足标准提出的最初假设。

如何有效实施决策方法

与之前的方法一样，实施决策的方法有四个步骤：（1）使用计划模板，简要介绍决策过程的各个步骤；（2）教授并示范在实施综合认知任务语境下的决策方法；（3）使用激励性的提示问题，开始决策课程；（4）在决策活动中提供资源和指导。

使用计划模板

表3.1决策方法的计划模板，帮助你规划如何在课堂中有效实施决策方法。如果你曾经开展过学生决策活动，可以使用该模板来调整那些任务，这样可以使学生在参与综合认知任务中提出并检验假设。

表3.1 决策方法的计划模板

1. 用于教师行动步骤的计划问题	
明确学习目标	本任务服务于哪项学习目标？
确定成果	你希望学生通过决策达成什么成果？ 该决策过程是否能让学生展示学习目标要求的基本知识和技能？
提供选择	你会提供选择还是要求学生自己设计？ 如果你提供选择，请为学生确定选项 这些选择是否能让学生展示学习目标要求的基本知识和技能？
明确标准	你会提供标准还是要求学生自己制定标准？ 如果你提供标准，确定必须满足学习目标的标准 这些标准是否能让学生展示学习目标要求的基本知识和技能？

（续表）

1. 用于教师行动步骤的计划问题	
给出提示	使用成果、选择和标准创建提示 你会提出什么问题提示学生进行决策？ 它是否符合学习目标中的认知复杂度水平？
2. 用于学生行动步骤的计划问题	
设计选择（可由教师提供）	如果由学生设计选择，你会提出什么问题引出各种选项？ 你是否会限制选项，给出选择或者设置参数？ 你如何确保通过选择能让学生展示学习目标要求的基本知识和技能？
明确标准（可由教师提供）	如果学生正在制定标准，你会提出什么问题引出标准？ 你是否会限制标准的数量、给出选择或是设置参数？ 你如何确保设计的标准能让学生展示学习目标要求的基本知识和技能？
预测哪个选项最符合标准	你如何要求学生预测并分享最符合既定标准的选项？（分组还是体现在课业笔记本上？）
使用标准评估选择	学生将采用什么步骤使用标准评估选择？ 学生将如何记录根据、支撑和限定？
明确哪个选项最符合标准	你会提出什么问题提示学生得出结论？ 你如何要求学生用根据、支撑和限定支持结论？
反思假设	你将如何要求学生反思，最初的假设是否有根据、支撑和限定的支持
3. 活动期间，用于教师行动步骤的计划问题	
监控计划	在学生决策过程中，你如何检查他们分析自己想法的情况？
调整计划	对于需要支持或拓展学习的学生，你会做些什么？

教授并示范决策步骤

决策的步骤形式多样，需要与学生的适应能力以及决策的复杂程度相契合。教师可能会完成其中部分步骤，但是学生必须独立进行一些步骤，在决策过程中分析自己的想法。以下步骤为教师应该何时提供适当的指导和信息、何时让学生自己思考提供建议：

1. 预测哪个选项最符合标准

教师需要为学生提供选择和标准或让他们自己设计，并要求他们提出假设，指出自己认为哪个选项最能满足标准。随后，学生聚焦于确认或反驳自己的假设。针对假设让学生开展讨论活动也很有必要，这可以让教师了解到学生确实理解了选择范围，并且能具体说明每种选择的含义。

2. 用标准评估选择

决策的关键是学生能够根据每条标准评估所有选项。有些学生想要更全面地运用这些标准，但是如果这样做，标准中一个甚至多个关键属性都有可能失效。这是学生建立根据、支撑和限定过程中关键的一步。因此，他们必须记录发现结果，做好准备为自己的决策辩护。表 3.2 所示为一个决策矩阵，可以用来帮助学生组织思想，对于初次接触决策方法的学生而言尤为有益。

表 3.2 决策的样例模板

<table>
<tr><td colspan="6">你要做出什么决策?</td></tr>
<tr><td colspan="3">选择：
A.
B.
C.
D.
E.</td><td colspan="3">标准：
1.
2.
3.
4.
5.</td></tr>
<tr><td colspan="6">预测哪个选项最符合标准并解释你的理由：</td></tr>
<tr><td>标准</td><td>选择 A</td><td>选择 B</td><td>选择 C</td><td>选择 D</td><td>选择 E</td></tr>
<tr><td>1.</td><td></td><td></td><td></td><td></td><td></td></tr>
<tr><td>2.</td><td></td><td></td><td></td><td></td><td></td></tr>
<tr><td>3.</td><td></td><td></td><td></td><td></td><td></td></tr>
<tr><td>4.</td><td></td><td></td><td></td><td></td><td></td></tr>
</table>

（续表）

标准	选择 A	选择 B	选择 C	选择 D	选择 E
5.					
注释和证据：					
决策和理由：					
反思：					

3. 决定哪个选项最符合标准

通过运用标准评估选择，学生可以决定哪个选项最符合标准要求。学生应使用上述步骤中记录的根据、支撑和限定。学生要加深理解，他们需要做的不仅仅是确定最佳选择，还需要使用收集到的证据证明决策。如果选项评估没有提供明确的首选方案，学生可以添加标准帮助做决定。

4. 反思预测的选择

学生根据他们对选择的评估，证明如何确认或反驳最初预测。为了做到这一点，学生需要判断自己的预测是否得到确认，自己的选择满足大多数标准，或是其他选择满足更多的标准，由此证明该选项比他们假设的更符合标准要求。

以激励性提示开始决策课程

决策任务需要构建一个场景，让学生在其中进行决策，通过决策展示学习目标的掌握情况。要创建这样的场景，首先要考虑你希望学生实现怎样的目标。你想让他们决定什么。接下来，确定是否提供选择供学生决策，是否要求学生自己设计选择，或者将两种方法相结合是否最合适。下一步是制定标准。标准主要在学生做决策时用于参照评估选项。与提供选择一样，学生可以自己确定标准，你也可以明确部分标准并让学生添加到标准列表中。最后，提出一个问题，让学生将重点放在他们需要的决策上。以下是一些可以用到的提示：

◇以下哪一个选择最好？

◇……是最好的方法？

◇以下哪一个最合适？

在决策过程中提供资源和指导

你了解你的学生，知道他们运用此方法的经验。使用这些信息预先规划好需要用到的资源和指导，为学生成功决策做好准备。随着学生逐渐适应综合认知任务，他们的需求将会改变。以下是可能用到的支持学生的方法列表。每次进行新的决策时，都需要再回顾这些建议。

◇当学生在决策过程中学习如何深思熟虑和慎重选择时，可以提供以下步骤列表帮助他们。

1. 确定成果。（这是对教师提示的解释）
2. 确定选择。
3. 预测满足最多标准的选项。
4. 提出标准，用于决定你的选择。
5. 权衡各标准，考虑某一标准是否更重要，或比其他标准占更大的权重。
6. 根据满足标准情况，评估选项或为选项排名。
7. 判断哪个选项最符合标准。
8. 重新审视假设，解释你的选择如何最完全地符合标准。

◇鼓励学生使用课业笔记本或先前所学来设计选项、撰写假设或制定标准。这个练习可以帮助学生在以前所学知识与当前活动之间建立联系。

常见错误

没有人喜欢犯错误，特别是可以通过深思熟虑和充分准备避免错误时。提前了解教师在开展做决策任务时可能会犯的错误，可以帮助你避免这些错误。提前做好规划，以避免以下常见的错误：

◇提示中没有要求学生使用标准评估选择、做决定。

◇为了学生成功评估，活动中设计太多的选择或标准。

◇教师运用标准进行评估，而学生却没有。

◇教师告诉学生他们的评估支持或反驳了最初决策。

运用决策方法的正例和反例

在你了解以下运用决策方法的正例和反例时，请注意你该如何有效地实施该方法，并考虑如何避免反例中出现的错误。

小学运用决策方法的正例

小学运用决策方法的正例有两种呈现方式：（1）引导概览课程的计划模板；（2）基于计划模板的课堂情境描述。

引导概览小学正例的计划模板

当你考虑小学课堂运用决策的这一案例时，请记住案例中两个学习目标的一致性——是学生在数学领域展现自我学习的一种方式。表 3.3 显示了五年级课程中使用决策方法的计划模板。与之前的方法一样，计划表的上半部分包括课程正式开始前的教师行动，表格的下半部分是在决策活动期间的学生行动，表格中“给出提示”这一步骤对应着课程的开始。一旦教师分享了提示，学生就需要承担责任，运用以前所学进行决策。

表 3.3　五年级数学课的计划模板

教学步骤	教师注释
明确学习目标	本案例有两个学习目标：在给定的测量体系中，能在不同大小的测量单位之间转换数据（例如，将 5 厘米转换为 0.05 米），并使用这些转换解决多步求解问题及现实生活中的问题（CCSS Math 5.MD.1）；能运用长方体公式“$V=l\times w\times h$”和“$V=b\times h$”计算边长为整数的正方形棱柱的体积，并解决现实生活中的数学问题（CCSS Math 5.MD.5.b）

（续表）

教学步骤	教师注释
确定目标	学生能决定哪个包裹符合质量最轻、体积最大的标准
提供选择	提供四个不同尺寸的包裹进行比较
明确标准	最符合标准的包裹将花费最少： ◇质量最小 ◇体积最大
给出提示	你爸爸想把一件易碎品寄给生活在另一个国家的你的姐姐，他有四种包装盒可供选择。爸爸想知道哪个盒子最大且最轻，因为选择这种包装盒运费最便宜，也能提供最好的保护。他让你来测量，你需要转换测量单位，找出最轻、最大的盒子，帮助爸爸决定用哪个
预测哪种选择最符合标准	让学生提出假设： ◇你认为哪个盒子符合标准，而且费用最低？解释给你的同桌听
使用标准评估选择	学生回答问题： 你怎样证明这一点？ 制订一个计划用来比较测量结果，通过比较确定哪个盒子符合标准
明确哪种选择最符合标准	通过评估，学生选出最符合标准的盒子
反思假设	学生说明自己的假设是否得到支持，并说明理由

基于计划模板的课堂情境描述

课程开始阶段，教师与学生一起回顾单位转换和体积计算。今天的活动要求学生运用已有知识做决策，选出尺寸最大的盒子。她提供了以下提示：

> 你爸爸想把一件易碎品寄给生活在另一个国家的你的姐姐，他有四种包装盒可供选择。爸爸想知道哪个盒子最大且最轻，因为选择这种包装盒运费最便宜，也能提供最好的保护。他让你来测量，你需要转换测量单位，找出最轻、最大的盒子，帮助爸爸决定用哪个。

她给出了以下计算表：

	A	B	C	D
质量	0.4 千克	500 克	8 百克	25 十克
边长	35 厘米 ×45 厘米 ×55 厘米	0.5 米 ×0.3 米 ×0.1 米	5.5 分米 ×8 分米 ×6 分米	400 毫米 ×200 毫米 ×90 毫米
体积				

教师问学生：

你认为哪个盒子符合标准，而且费用最低？向你的同桌解释为什么。

教师给予时间，让学生分组制订计划，决定如何比较测量结果，了解哪个盒子符合标准。学生转换测量结果的单位，并对其进行比较，了解哪个盒子质量最小、体积最大。

教师已经准备好了单位转换和计算结果，并准备检查学生的答案：

	A	B	C	D
质量	400 克	500 克	800 克	250 克
边长	0.35 米 ×0.45 米 ×0.55 米	0.5 米 ×0.3 米 ×0.1 米	0.55 米 ×0.8 米 ×0.6 米	0.4 米 ×0.2 米 ×0.09 米
体积	0.87 立方米	0.015 立方米	0.264 立方米	0.0072 立方米

将测量结果转换为相同单位后，学生们明确了哪个盒子符合标准，此时教师要求他们说明自己最初的假设是否得到证明并阐明原因。

小学运用决策方法的反例

反例中，教师只提供了提示，让学生作出决策，而没有先要求他们提出假设或使用正式的过程作决策。没有假设，学生就没有机会回顾他们最初的想法，无法判断自己的假设是否正确。记住，提出和检验假设的要点是让学生运用他们的知识分析自己的想法。如果他们只是简单地进行测量单位转换，那么就没有机会意识到在现实生活中可以利用决策能力证实或否定自己的假设。

中学运用决策方法的正例

中学运用决策的正例，有两种呈现方式：（1）引导概览课程的计划模板；（2）基于计划模板的课堂情境描述。

引导概览中学正例的计划模板

这个运用决策方法的中学正例发生在七年级英语语言文学课中。表 3.4 包含一个总结了教师课程计划的计划模板。请注意，课程开始于教师给出提示的时候。

表 3.4 七年级阅读课的计划模板

教学步骤	教师注释
明确学习目标	本案例的学习目标是：把书面故事、戏剧或诗歌与其音频、视频、舞台剧或多媒体版本进行比较与对比，分析每种媒体技术独有的效果，例如视频中的灯光、声音、色彩或镜头对焦和角度（CCSS ELA RL 7.7）
确定目标	决定哪种诗歌阅读方式最能传达这首诗的意义
提供选择	同一首诗的多种音频、视频表演
明确标准	教师提供的标准： ◇朗读者绘声绘色地表达诗意 ◇音频技术（音量、背景音乐）增强了诗意 ◇视频技术（灯光、色彩、镜头角度）增强了诗意
给出提示	作为诗歌读者，请决定如何呈现一首诗。分析同一首诗的不同读法，决定哪种朗读方式更能影响听众或观众
预测哪种选择最符合标准	学生会听取一段阅读材料的描述，并陈述他们觉得哪一种最能影响听众或观众

（续表）

教学步骤	教师注释
使用标准评估选择	学生评估所有的选择，并举例说明选项如何满足每一条标准
明确哪种选择最符合标准	基于评估，学生决定哪种阅读方式最符合标准
反思假设	学生陈述他们最初的假设是否符合标准

基于计划模板的课堂情境描述

为了让学生分析各种媒体特有的技术效果，教师创设了一个任务，让学生自己决定哪种诗歌阅读最能传达诗意。为此，他展示了同一首诗的音频、视频和多媒体阅读版本，并提供以下提示：

> 作为诗歌读者请决定如何呈现一首诗。
> 分析同一首诗的不同读法，决定哪种阅读方式更能影响听众或观众。

在学生开始聆听或观看表演之前，教师会给出每种表演形式的背景信息，然后为学生提供指导决策的标准：

◇朗读者绘声绘色地传达诗意。

◇音频技术（音量、背景音乐）增强了诗意。

◇视频技术（灯光、色彩、镜头角度）增强了诗意。

学生聆听或观看每种演绎形式，与同伴讨论哪种演绎最符合标准，并更容易影响听众或观众。教师希望他们更仔细地考虑这些标准，所以他让学生们再听或者再看一遍表演，并在笔记中使用具体的例子记录他们的表演是如何达到标准的。之后，学生根据自己的评估决定哪种形式最有效，并举例说明每种形式如何满足标准要求。最后，陈述自己最初的假设是否得到证明并阐明原因。

中学运用决策方法的反例

反例中，教师首先向学生概述了相同的任务步骤，并让学生自由选择诗歌。在讲解步骤之后，教师给学生几天时间完成这些活动，包括研究和发现该诗歌的多种演绎形式。授课过程中，教师在教室内走动并回答学生提出的问题。随时与学生交流，确保他们按时完成任务。很明显，一些学生很快能够选好诗歌的表演作品，而其他学生则花了大量的时间还没能选择好。教师没有为这些学生预先准备诗歌，所以告诉他们需要在第二天上课时带上自己选择的诗。第二天，有些学生还没有找到有多种演绎方式的诗，教师此时必须决定是否给予学生额外的时间，或是无论学生找到了多少材料让他们先根据现有材料完成任务。让学生选择是好的，但不是让选择成为活动的焦点。这位教师本可以允许学生在具有多种演绎方式的现有诗歌中选择，或者为预设时限内没有找到诗的学生设定具体的时间限制寻找备用诗歌。

确定学生能否利用决策提出和检验假设

监控学生是否能够利用根据、支撑和限定证实或否定自己的假设，方法非常直接。如果学生正在一起工作，请走过去，听听他们如何讨论选择和标准，在一旁观察他们记录的内容，与他们交谈、提问和倾听，以确保他们不仅参与其中，而且正在积极地分析自己的想法并作出决定。一些教师还会带着一些便笺纸记录后续需要加强学习的学生。如果你想确保检查了所有学生，请携带班级花名册并在笔记板上做记录。想想如何让学生快速展现每一步预期的结果，他们可以在迷你白板上回答问题或进行快速测试，这些方法可以让你快速检查学生是否有效地分析了自己的想法。

◇你为什么预测那个选项是最好的？

◇这些标准如何帮助你作出选择？

◇结果是否符合你最初的预测？如果没有，你的想法是如何改变的？

◇这个任务如何证明你处于学生熟练程度量规的哪个位置？

表 3.5 为学生熟练程度量规，显示了决策每个步骤的预期结果以及相应的熟练程度。在你计划并实施课堂决策时，可以参照使用。

表 3.5　学生运用决策方法的熟练程度量规

做决策的步骤	新手入门	基本掌握	预期达标
提供选择	学生能阅读教师提供的选择	学生可以自己设计或者确定选择	学生能设计选择，并描述为什么这些选择是合理的
明确标准	学生能阅读教师提供的标准	学生能确定或辨析标准	学生能自行确定标准，并解释这些标准如何帮助他们作出决策
预测哪种选择最符合标准	学生倾向于讨论某一种可能的假设	学生能假设哪个选择最符合标准	学生能够证明他们的假设
使用标准评估选择	学生能评估各选项	学生能使用标准评估各选择	在评估选择时，学生能为最初的决策记录根据、支撑和限定
明确哪种选择最符合标准	学生能根据标准进行选择并作出假设	学生能使用标准评估选择	学生能解释哪种选择最符合标准
反思假设	学生能重申他们的假设	学生能确定假设是否被证实或驳斥	学生能根据对选择的评估，解释为什么假设能够被证实或驳斥，以及其他选择没有得到足够支持的情况

➔ 开展支架教学和拓展教学满足学生的需求

你的课堂中，很少出现学生拥有相同的经验或背景知识的情况。有些学生需要教学支架才能进行决策任务，有些学生可能需要超出计划拓展学习决策任务才能成长。以下样例可以帮助你根据学生的具体需求量身定做开展决策任务。

支架教学

◇为学习困难的学生提前准备好一个问题。这些学生如果没有探究问题的引导就无法前进，为他们准备好问题清单。这可以帮助他们摆脱困境，你也可以在教室内自由走动，检查其他学生的情况。

◇如果有学生在评估选择时遇到困难，那么他们可能对选择或标准缺乏清晰的理解。要求他们向同伴或你描述每种选择和标准的含义，明确他们是否理解了每种选择和标准。

◇组成一个小组并开设小课，利用学生熟悉的正例和反例重新教授较难的术语。

拓展教学

◇有些学生可能更喜欢自己制作图形组织者，而不喜欢教师提供的。如果学生精通决策步骤，只要确保图形组织者中包括所需的步骤，就允许他们自主选择。

◇有些学生更加乐于使用技术来组织想法，如果可以的话，给他们机会使用自己喜欢的平台。

教学方法 4　实验探究

除科学学科教师外，许多其他学科的教师可能试图忽略实验探究这一教学方法，认为它与自己所教授的内容无关。然而实际上，教师可以使用实验探究方法教授几乎所有的课程内容。实验探究的定义属性是学生通过直接观察收集证据，以检验自己提出的假设。这可以运用在许多方面，包括阅读文本、观看视频、感知或观察物理变化，以及听取访谈或乐器的声音。《大学与职业准备锚定标准》中规定，学生必须能够有效地选择、组织和分析内容。实验探究实际上就是这样的过程。无论是书籍内容还是实验室数据，探究过程都是了解何时以及如何选择、组织和分析任意类型的证据。

实验探究技术与调查教学方法不同，前者主要由学生设计用于收集证据，而后者主要由教师为学生确定具体的调查程序。

实验探究源自学生观察到无法解释的内容，并希望进一步深入研究（Marzano & Heflebower，2012）。实验探究的核心是由学生而不是教师来确定或设计用来检验假设的程序。学生利用初步观察来形成假设，然后创建程序来检验该假设的有效性。

如何有效实施实验探究方法

与学生共同有效实施实验探究方法有五个方面内容：（1）使用计划模板，简要介绍实验探究过程的各个步骤；（2）教授并示范如何提出假设并进行检验的步骤；（3）为学生展示案例，并描述你所观察到的内容；（4）确定合适的提示，并开始实验探究课；（5）在实验探究任务中提供资源和指导。

利用计划模板掌握实验探究过程的步骤

使用表 4.1 中的模板做好计划。模板中为每一步都设置了问题，有助于明确指导的类型，帮助你更好地确保学生成功地进行实验探究。请注意，该计划模板与之前教学方法的模板有两处不同。一是，教师实施的操作步骤较少。二是，要求学生承担更多责任，自主进行思考和设计计划。因此，一旦教师确定了任务需要达到的学习目标，紧跟着的第二个“行动”步骤就需要建立示范。随后，教师需要通过示范创建一个提示，指导学生设计探究程序，以支持自己的假设。

表 4.1 实验探究的计划模板

1. 用于教师行动步骤的计划问题	
明确学习目标	这个任务主要服务于哪个学习目标？
建立示范	你想让学生探究什么主题？ 该主题是否与学习目标一致？ 你将提供什么样的示范来提示学生开展实验探究？ 你将如何要求学生记录他们对示范的描述？
利用示范创建提示	你会提出什么问题提示学生开展实验探究？ 它是否与学习目标的认知水平一致？
2. 用于学生行动步骤的计划问题	
提出假设	你要求学生如何回答这个问题？（分组还是体现在课业笔记本上？）
设计一套程序检验假设	你如何帮助学生将他们观察到的内容与实验设计联系起来？ 学生需要什么材料来完成他们的程序？ 在实施之前，你将如何检查设计？
实施程序	你会提供什么资源？ 你想设置什么参数？ 你会推进哪些活动？
检验结果	学生将会采取什么步骤来检验结果？ 学生将如何记录根据、支撑和限定？
评估结果	你会要求学生提出什么结论？ 你将如何要求学生用根据、支撑和限定支持他们的结论？
反思过程	你将如何要求学生将其结论与最初预测进行对比？ 为了更好地检验假设，你将如何帮助学生识别实验设计中需要改进的部分？ 你将如何帮助学生根据结果对未来的假设和探究进行思考？

（续表）

3. 活动结束时，用于教师行动步骤的计划问题	
监控计划	在实验探究时，你如何检查学生是否在分析自己的想法？
适应计划	对于需要辅助或拓展学习的学生，你会做些什么计划？

为学生建立示范或引导观察

实验探究与其他教学方法的不同之处在于，它始于示范或观察，以此激发学生提出假设。示范应该激发学生，并引导他们提出假设，然后通过实验探究来验证。想想你可以展示什么，可以引导学生观察到什么，让展示和观察到的内容符合学习目标，进而引导学生提出假设。学生观察的时候，他们应该描述他们所看到的，以便积极参与这个步骤。他们的描述也会有助于他们证明自己的假设。

利用示范和描述的结果创建提示

示范或观察的目的是提示学生进一步探究，更好地理解观察到的内容。学生将根据你提供的示范或观察结果，提出自己的假设，设计后续检验程序。可以在你的实验探究中尝试运用以下提示：

◇你将如何测试……？

◇你如何确定是否……？

◇如何解释这种情况？

1. 提出假设

学生首先思考在探究中会发现什么及探究的思考过程，基于此各自提出自己的假设。这一步推动了探究程序的设计，实验探究就是为了证明或反驳假设。教师需要给学生足够的时间来考虑一些可能的假设选项，然后再要求他们选择一个假设。随后，引导学生证明或解释假设背后的推理。这个过程将帮助学生在开始阶段就掌控好探究任务。

2. 设计程序检验假设

学生需要创建检验假设的程序。学生收集数据来支持或驳斥假设的方法有很多，包括问卷调查、访谈、观察、实验、调查和收集各种文件资料。即使学生是自行制定探究程序，从学生人身安全以及其他相关人员安全角度考虑，也要为这些将要执行的程序设定参数。开始实验探究前，学生必须征得教师的同意。这个步骤不仅可以确保安全，而且还标识了学生初始程序设计中的缺陷。

3. 实施程序

学生实施他们设计的程序。由于可以让学生同时执行多个程序，在本步骤中你提供的结构和指导就至关重要。它们可以帮助学生根据需要解决程序中出现的问题，并让你可以随时介入探究程序。有时还可以提醒学生在进行探究时保持活跃的步调。你会发现，学生分组活动可以为这个步骤提供帮助。

4. 检验结果

在学生记录他们的发现并建立对假设的支持时，该步骤将紧跟着上一步同时进行。通过多个正在进行的程序，学生将会组织和总结各种类型的数据。教师需要时刻监控确保学生组织并总结好他们的数据。

5. 评估结果

为了结束实验探究，学生需要陈述假设，并解释实施程序中收集的证据是否支持或驳斥了假设。确保学生对数据进行了充分的总结，而不是仅仅将其简单记录并再现。

6. 反思过程

学生解释探究任务如何影响自己对主题的最初思考。此步骤要求学生检查自身对内容的掌握情况，并描述该过程如何丰富或改变了他们先前的想法。这种元认知处理过程可以帮助学生将自己视为学习者，同时提高自我管理综合认知任务的能力。

在实验探究过程中提供资源和指导

在介绍实验探究之前，需要先开发一套资源或用品。在学生请求其他用品或资源时可以启用，请将它们添加到你的计划列表中。但是，没必要为学生提供可能需要的一切。在实验探究中处理探究多样性和学生多种需求的关键，是合理运用有限选择的概念。有限选择意味着为学生提供的选择数量是有限的，并为探究设定边界或限制，以保障后勤和安全。

描述实验探究步骤的图形组织者对学生十分有用。记住，只有完成了这些步骤，学生才能运用知识并分析自己的想法，完成步骤比记住步骤更重要。表 4.2 是一个实验探究过程的模板，可用于指导学生。

表 4.2　实验探究的样例模板

<table>
<tr><td colspan="3">我正在探究的问题是：</td><td colspan="3">基于目前的知识，我认为：</td></tr>
<tr><td colspan="6">为了验证这个理论，我会：</td></tr>
<tr><td colspan="6">基于探究结果，我发现：</td></tr>
<tr><td colspan="2">根据：</td><td colspan="2">支撑：</td><td colspan="2">限定：</td></tr>
<tr><td colspan="6">因此：</td></tr>
</table>

常见错误

当你开始在课堂上运用实验探究时，请注意各种可能出现的错误。以下是一些比较常见的错误：

◇教师为学生提供假设让学生检验。

◇学生在探究之前就知道预期结果。

◇教师建议或强制学生执行既定探究程序。

◇教师允许学生实施不可能取得可行结果的程序。

◇在进行探究时，教师没有要求学生记录证据。

◇教师没有要求学生利用探究中收集的证据支持或反驳他们的假设。

◇分组探究中只有一个学生在工作，而其他人抄袭答案。

运用实验探究方法的正例和反例

当你考虑在课堂上运用实验探究方法时，请阅读以下正例和反例，注意正例中教师如何有效地实施该方法，并注意反例中教师所犯的常见错误。

小学运用实验探究方法的正例

小学运用实验探究的正例以两种方式呈现：（1）引导概览课程的计划模板；（2）基于计划模板的课堂情境描述。

引导概览小学正例的计划模板

小学正例描述了一年级数学课的一次实验探究活动。作为晨间活动的一部分，学生分组在一个地方轮流开展探究活动。表 4.3 描述了课程步骤，之后描述了课堂情境。

表 4.3　小学一年级数学课的计划模板

教学步骤	教师注释
明确学习目标	本案例的学习目标是：按照长度为三个物体排序；通过第三个物体的长度来间接比较另外两个物体的长度（CCSS Math 1.MD.1）；通过复制较短的物体（长度单位），用整数个长度单位表达一个物体的长度；理解测量一个物体的长度，是用多个相同大小的长度单位，无缝无重叠地分布到该物体上。用整数个相同大小的长度单位，无缝无重叠地分布测量物体，是该方法的局限（CCSS Math 1.MD.2）
建立示范	指出教室两个不同地方（例如，门框底部和教师讲台侧面）的特征。同时，给每个组一根绳子，绳子长度在门框底部长度和教师讲台侧面长度之间。要求学生描述物体（门、讲台、绳子）的长度是如何相同又如何不同的
利用示范创建提示	要求学生将讲台、门、绳子按照长度从短到长进行排序
提出假设	学生把三个对象由最短到最长进行排序
设计程序检验假设	问学生： 你如何确定你是对的？制订一个计划来检验你是否正确
实施程序	学生用绳子来测量门和讲台。这可以帮助他们比较这三个物体
检验结果	如果绳子比门和讲台更长或更短，学生需要写下来
评估结果	要求学生根据测量结果为物体的长度排序
反思过程	学生重新审视自己最初的排序，并说明他们是否正确。学生说他们还可以用这个过程来为其他物体的长度排序

基于计划模板的课堂情境描述

教师已经在课堂上讲解了如何测量，现在是学生运用所学知识的时候，他们按照长度对三个物体进行排序，并通过第三个物体间接比较另外两个物体的长度。由于已经知道一些学生比其他学生理解能力更强，所以教师今天把学生分成三组，确保每组至少有一个学生能够理解和解释要求。在她设定的地点，学生发现一根长度在门框底部和讲台侧面之间的绳子，随后学生得到以下提示：

> 按照从短到长的顺序，为讲台、门和绳子排序。

教师知道有些学生可能不理解这个句子，所以她展示了三个物体的图片，并用大箭头标记了讲台和门框底部，以便让学生知道什么时候要测量什么。然后，学生按照他们认为正确的顺序，将讲台、门和绳子的照片标记为 1、2、3。之后，学生被要求作出预测：

> 你如何确定自己是对还是错？制订一个计划来检验你是否正确。

这一次，教师知道图片不足以确保他们能正确完成任务，因此她要求学生继续他们的计划前，先和她核对，确认后再进行计划。这样，她让学生开展头脑风暴后设计计划，而不必适时地提醒他们。但这也意味着，每个小组讨论计划的时候，教师时刻要做好准备，在必要的时候引导他们。由于她知道这一步很重要，所以她已经确保学生在任务的其他步骤中可以独立工作。提早做好计划可以将她解放出来，专心协助学生开展综合认知任务。在教师批准了每一项计划后，学生测量了门和讲台。然后她要求学生根据绳子的测量结果再次为物体排序。这一阶段的最后一个问题是要求学生反思：

> 你的排序是否正确？
> 教室里还有其他物体，可以使用同样的方法比较它们的长度吗？

学生知道如果他们无法写出答案也可以画出答案，教师会进行提问以理解他们的想法，澄清他们的思路。

小学运用实验探究方法的反例

在反例中，一年级的教师意识到一些学生无法弄清楚如何比较长度。教师提前做好计划，告诉学生使用绳子测量讲台和门的方法，以此规避这个问题。这个捷径剥夺了学生单独推理如何使用第三个物体来比较另外两个物体的长度的机会。有些学生可以从活动中学到如何在其他情况下使用这些信息；但对于其他学生来说，他们学到的可能仅仅就是如何使用一根绳子进行测量，因为他们没有机会运用自己的知识来设计程序。

中学运用实验探究方法的正例

这个中学运用实验探究方法的正例有两种呈现方式：（1）引导概览课程的计划模板；（2）基于计划模板的课堂情境描述。

引导概览中学正例的计划模板

中学正例中科学课程开展实验探究的步骤见表 4.4。请注意，这不是一个典型的科学实验。 在这个例子中，学生通过观察来假设植物结构的类别，然后制订一个检验假设的计划。

表 4.4 中学科学课的计划模板

教学步骤	教师注释
明确学习目标	该案例的学习目标是：分别解释特定动物行为、特定植物结构对动植物成功繁殖概率的影响，基于实证证据和科学推理开展论证并提供支持（NGSS MS-LS1-4）
建立示范	展示几种植物的生殖结构（坚果、鲜艳的花朵、树木花粉、靠风力传播的种子）。学生在纸上记录每一种植物生殖结构的共同特征，并向同伴描述
利用示范创建提示	问学生： 现在你们已经看了植物所有的生殖结构，按照它们帮助植物繁殖的方式对这些结构进行分类。记住，对它们进行分类的方法不止一种，但是在分类时一定要考虑到植物的繁殖情况
提出假设	学生假设生殖结构的不同类别 分类可以包括授粉前后、动物辅助或环境辅助等

（续表）

教学步骤	教师注释
设计程序检验假设	问学生： 你如何确保你的分类有意义？ 制订一个计划来检验你的分类是否正确
实施程序	学生使用教科书或其他资料，检查每种植物结构如何影响成功繁殖的概率
检验结果	学生记录支持或反驳他们的分类方法的信息
评估结果	学生解释特定植物结构影响成功繁殖的概率
反思过程	学生重新审视他们最初的分类，并说明他们能否为这些分类辩护，或是否需要修正观点 学生引用证据来支持他们最初的预测或进行修正 学生还说明在未来的辅助繁殖中，他们将如何利用这些分类分辨遇到的植物生殖结构

基于计划模板的课堂情境描述

以下对课堂情境的描述，展示了一个教师如何在中学课堂中实施实验探究：

上课前，教师把学习目标写在白板上：解释特定的植物结构如何影响成功繁殖的概率。

当学生上课时，他们在每个实验室桌子上找到各种植物生殖结构样本（坚果、鲜艳的花朵、树木花粉、靠风力传播的种子等），教师提供了图形组织者，要求学生把每种生殖结构的共同特征记录在上面。几分钟后，教师要求学生与同伴讨论答案。教师在教室内走动，阅读学生的答案，听取讨论，并提示学生思考这些结构是如何帮助繁殖的。

随后，教师提示学生提出假设：

> 现在你已经检查了所有的结构，根据这些结构如何影响成功繁殖的概率将它们分类。记住，对它们进行分类的方法不止一种，但是在分类时一定要考虑到植物的繁殖情况。

教师让学生与同伴合作，将他们选择的组织结构分类。例如，分类可能包括授粉前后、动物辅助或环境辅助等。

然后，教师提示学生探究自己的假设：

> 你如何确定分类是否准确？

学生抛出许多想法，有一些是有效的，还有一些是无效的。然后，教师要求学生花两分钟与同伴计划如何测试分类的有效性。由于时间和资源有限，教师对学生的探究设置了限制，要求学生只能利用教室内的文字材料，包括教科书和教师提供的图书馆藏书。

学生花时间查找并记录支持或反驳他们的分类的信息。如果学生发现自己的分类不正确，教师就鼓励他们根据新的思路修改最初分类。知道一些学生在寻找证据时会遇到困难，教师在一些书籍的章节中贴上标签，以便学生在需要帮助时她能快速给学生推荐特定的文本。对于希望或需要额外植物生殖结构用于分类的学生，教师还提供了空白的图形组织者，如表格和网络图。

在学生确定假设是否成立后，教师要求每个学生重新审视初始分类，用一段话专门解释植物结构如何影响成功繁殖的概率，并陈述自己是坚持初始分类还是需要修正思路。她要求学生引用证据来支持最初假设或进行修正。

中学运用实验探究方法的反例

在反例的课堂上，教师直接告诉学生如何对植物结构进行分类，然后让学生解释每个结构是否属于教师归入的类别。在这种情况下，学生没有机会创建自己的类别。他们只是按教师的思路走，而不是提出自己的假设。

确定学生能否利用实验探究提出并检验假设

在学生实施探究程序之前，请他们先获得你的批准。这不仅可以确保学生的安全和成功，还可以让你有时间讨论他们设计的程序是否合理。

当学生实施探究程序时，请四处走动并阅读学生的记录，确保他们记录了证据以便于后续在构建根据、支撑和限定中运用。

如表 4.5 所示的反馈表，是监控学生分析思维能力的有效方式。你不可能给所有学生都提供反馈表，选择一两个需要特别注意的学生就可以。当学生参与探究时，请注意他们在表格中的位置，并及时为他们提供帮助说明。

表 4.5　实验探究反馈表

……你做得如何？ **观察和描述**	学生看到内容但无法进行观察	学生能够观察内容	学生能解释观察如何促进实验探究
笔记			
……你做得如何？ **作出预测**	学生在讨论可能的预测结果时有所贡献	学生作出预测	学生能够证明他们的预测
笔记			
……你做得如何？ **设计程序检验预测**	学生计划检验程序	学生设计程序用于检验预测	学生能够解释他们的程序如何检验预测
笔记			

（续表）

……你做得如何？ **实施程序**	学生实施程序	学生按照设计实施程序	实施设计的程序时，学生记录证据，支持或反驳自己的预测
笔记			
……你做得如何？ **检验结果**	学生基于程序明确证据	实施程序时，学生记录他们观察到的证据	学生运用他们观察到的证据，构建根据、支撑、限定为预测提供支持
笔记			
……你做得如何？ **评估结果**	学生陈述自己的结论	学生解释自己的结论	学生利用根据、支撑和限定来为自己的结论辩护
笔记			
……你做得如何？ **反思过程**	学生重述自己的预测	学生明确自己的预测是否正确	学生基于结论说明自己的预测是否正确
笔记			

表 4.6 提供了运用实验探究方法的学生熟练程度量规。这个量规可以帮助你确认学生是否达到每一步骤所期望的结果。有了这些信息，你可以精确地反馈，最大可能让学生成功。

表 4.6　运用实验探究方法的学生熟练程度量规

实验探究的步骤	新手入门	基本掌握	预期达标
描述示范或进行观察	学生见证示范或进行观察，但无法描述	学生能描述他们观察到的内容	学生可以解释观察如何帮助他们提出假设
提出假设	学生在讨论可能的假设中有所贡献	学生根据观察结果进行假设	学生能够证明自己的假设
设计程序检验假设	学生设计检验程序	学生设计程序用于检验假设	学生能够解释他的程序如何检验假设
实施程序	学生实施程序	学生按照设计实施程序	在实施程序过程中，学生记录证据，支持或反驳自己的假设
检验结果	学生根据程序确定证据	学生在实施程序时记录观察到的证据	学生使用观察到的证据来支持自己的假设
评估结果	学生得出结论	学生解释自己的结论	学生用证据为自己的结论辩护
反思过程	学生重申自己的假设	学生确定自己的假设是否得到确认或反驳	学生根据结论来解释自己的假设如何得到确认或反驳

开展支架教学和拓展教学满足学生的需求

你在课堂上实施的实验探究活动越多，你就越能熟练地识别和调整学生的需求。一开始，你还需要提前计划以预测并适应这些需求。要做到这一点，你可能需要从教练或导师处寻求帮助。以下是一些你可以在学生进行实验探究时提供支架教学或拓展教学的示例。

支架教学

◇如果学生无法设计程序，那么让他们将样例程序分为可行与不可行两类。然后学生可以利用可行的样例程序创建自己的程序，或直接使用样例程序。

◇允许学习有困难的学生四处走动，他们可以观看其他学生如何开展任务，并形成自己的想法。

拓展教学

◇让学生描述如果再次进行相同的探究他们将会如何设计不同的程序。

◇要求学生根据相同的证据得出另一个结论，然后比较两个结论的根据、支撑和限定，以确定哪个结论更好。

教学方法 5　发明

发明，乍一看像主要用于机器人课程或木工课程，但实际上，学生的发明或创造存在于每种课程中。你的教学生涯中可能有过不止一次体现了发明的活动。发明类似于解决问题，但具有明确目的，需要学生创建和测试符合标准的原型（试验产品）。原型有许多形式，包括广告、绘画、新游戏和鲁布·戈德堡机械等。

在这一方法中，学生开展头脑风暴分析自己的想法，思考如何设计以达到特定目标选择符合标准的设计，然后构建或创建一个原型。原型能够运行后，学生将根据预先建立的标准进行测试、评估和排除问题，以证明其发明达成目标。

如何有效实施发明方法

有效实施发明方法这一教学方法有四个步骤：（1）在发明过程的各个步骤中使用计划模板；（2）教授并示范发明过程中提出并检验假设的步骤；（3）选择提示开始你的发明课程；（4）在设计和构建原型时提供资源和指导。

班级中运用发明方法的计划

以下计划模板（表 5.1）包含了第一次运用发明方法时，你必须解决的任务和问题。

表 5.1 发明的计划模板

教学步骤	教师注释
明确学习目标	本任务服务于哪个学习目标？
确定目标	你想要学生通过制作原型实现什么目标？ 原型的目标能够让学生展示学习目标相关的基本知识和技能吗？
确定标准	为实现目标，确定原型必须满足的标准 原型的标准是否允许学生展示学习目标相关的基本知识和技能？

（续表）

教学步骤	教师注释
给出提示	使用目标和标准创建提示 你会问什么问题提示学生设计原型？ 提示是否符合学习目标的认知水平？
头脑风暴形成创意	你会限制创意的数量，给出选择还是设置参数？ 你如何确保这些创意能让学生展示学习目标相关的基本知识和技能？
设计原型	你如何将设计过程与标准联系起来？ 学生可以使用什么材料来设计原型？ 你要求学生如何设计？（分组还是体现在课业笔记本上？） 在开始构建原型之前，你将如何检查设计？
构建原型	你将提供哪些资源或材料？ 你会为构建过程设置什么参数？ 你会推动哪些活动？
利用标准评估原型	学生将按照什么步骤来评估原型？ 学生将如何记录根据、支撑和限定？
修正原型	学生如何决定是否需要修改设计？ 你会为哪类学生提供哪些额外指导？ 你期望学生修改什么？
说明原型是如何达成目标的	你会提出什么问题提示学生得出结论？ 你如何要求学生用根据、支撑和限定支持他们的结论？
反思设计	你如何要求学生将其结论与最初设计进行对比？ 你如何帮助学生识别他们设计中可以改进的部分，以更好地展示目标标准？
监控计划	学生在发明时，你如何检查他们分析自己想法的情况？
调整计划	对于需要辅助或拓展学习的学生，你会做些什么？

教授并示范发明的步骤

你需要根据所教年级、内容和学生，决定何时以及如何教授并示范发明的步骤。发明是一种复杂而多层次的技术，教授和示范步骤对你和学生都很有益。只有当你开始涉猎该方法的各个层面时，才能清楚各种常见错误，并在实施前准备更丰富的计划。学生需要掌握发明语境下的关键词汇的用法和意义。一旦开始示范发明过程，学生将看到你是如何按照步骤构建原型的，这对他们自己执行这些步骤大有裨益。

利用学习目标帮助你决定学生可以发明什么来展示基本知识和技能。提前准备几个选项，以便在创建提示、促进学生开展头脑风暴时，有一个大致方向引导学生。请注意，并不是所有的学习目标都适用所有的综合认知任务。如果要求学生实施发明，那么学习目标必须适用这种方法。以下是设计和构建原型时学生需要遵循的步骤。

1. 头脑风暴形成创意

首先，学生创建一个符合标准的创意列表。然后，让学生开展头脑风暴提出多种可能的创意，选择他们认为最符合目标标准的创意，并解释自己的创意。请记住，一开始你可能需要更多地引导学生，但最终你需要让他们自行决定最可行的创意。

2. 设计原型

原型可以是新产品，也可以是对现有产品的改进。在开始构建原型之前，让学生绘制并描述自己的计划。如果你在学生创造或构建原型之前设置了反馈和编辑步骤，那么学生可能会发现它很有帮助，这一步骤可以确保取得更大的成功。因为此反馈主要聚焦于原型设计是否符合标准，所以如果你提供指导性问题，学生就可以互相给予反馈意见，这样就可以让你解放出来，专心检查设计的准确性，或为有需要帮助的学生提供帮助。

3. 构建原型

学生根据自己的设计创造或构建原型。提前设想各种可能性，为学生在构建原型过程中可能遇到的问题做好准备计划。原型不需要精心制作，只需要符合标准即可。帮助学生保持专注有时可能很棘手，但是当你看到学生们用心专注学习并取得成功时，就会发现这很有价值。

4. 利用标准评估原型

然后学生应根据你提供的标准评估自己完成的原型。如果原型是为执行任务而建立的，学生应该测试其效果。测试中，学生很乐意看到原型满足评估标准以及相互之间的对抗竞争。请记住，此步骤的目的是让学生通过记录原型是如何很好地符合标准的证据来建立根据、支撑和限定的。这意味着你需要提醒学生了解证据的重要性，因为他们将来需要用到这些证据来解释原型是如何实现目标的。

5. 修正原型（如有必要）

我们都希望在发明的设计阶段就纠正了所有可能发生的重大失误，但如果发明没有实现既定目标，学生应该回到设计阶段进行改进、重建和重新测试。该步骤的关键是要让学生明白不断修改是发明的正常部分。

6. 说明原型是如何达成目标的

在这项任务总结阶段，学生运用评估原型时记录的证据，解释原型是否达成目标。他们的结论应该描述最初的原型是如何成功的，或者是否需要修正以达到标准。

7. 反思设计

学生反思设计，如果要创造或构建另一个版本，他们还需要解释将如何重新设计原型。即使设计符合所有标准，学生也需要参与这种反思。该步骤的目的是帮助学生意识到在发明过程中自己的思维方式是如何变化的。帮助学生理解，尽管他们可能已经创造出符合标准的原型，但可以更深入地学习该主题，并且可以利用这些知识来进一步完善自己的设计。

运用你选择的提示开始发明课程

与其他方法一样，一旦教师仔细阅读计划模板彻底理解该方法，并且教授和示范了发明的过程之后，下一个步骤就是创建提示，引导学生提出并检验与设计和创建原型相关的假设。在为学生检查计划模板和示范发明的过程中，你已经可以确定希望学生实现哪些目标，并编制了一些基本标准的草案，学生将根据这些标准来评估原型。这些标准可以引导学生展示自己的基本知识和技能。学生可以自行确定标准，或者由教师确定初始标准，让学生在标准列表中添加需要的新内容。在使用标准之前，请先让学生描述和定义标准，以确保他们理解如何应用这些知识。以下是一些可以启发和激励学生发明的提示样例：

◇发明一件事物，它能够……

◇为了……你能创建什么?

◇你应该如何……？

在发明过程中提供资源和指导

本方法的目标是让学生有机会通过设计、创建和测试原型，展示自己的基本知识和技能。计算机程序设计和精心制作艺术作品不能用于替代综合认知任务中的发明方法。教学结构和教师指导从开始阶段就能够避免可能浪费的时间。每个阶段包括设计、构建和测试等需花费的时间都应设置参考数值。教师还需要为学生设计和构建原型提供材料和参数，持续向学生提供反馈，关注学生的努力和进展情况，为需要帮助的学生提供建议和指导。

小组内同伴互评可以帮助学生专注于自己的工作。学生之间可以分享设计，并引发同伴的反馈。如果担心学生不适应同伴反馈，那么可以提供指导性问题或操作指南来支持学生。

自我反思也可以帮助学生持续关注基本知识和技能，让学生明确辨别自己的设计是如何展现学习目标的或达到了成绩水平的哪一层次。随后询问学生，为了提升成绩级别，他们的设计可以修改或新增哪些内容。

常见错误

以下是教师在实施此方法时会犯的常见错误列表：

◇教师未建立有意义的目标或标准，只是简单地指导学生创造一些东西。

◇教师不允许学生进行自己的设计，剥夺了他们开展头脑风暴和相互学习的机会。

◇教师为学生提供原型，要求学生进行测试。

◇即使学生的设计或原型不符合标准，教师也始终没有要求学生进行改进。

◇教师未要求学生在得出结论时提供证据。

◇教师未要求学生对结果进行反思。

运用发明方法的正例和反例

以下是两组正例与反例，一组案例来自小学，另一组案例来自中学。

小学运用发明方法的正例

小学运用发明方法的正例以两种方式呈现：（1）引导概览课程的计划模板；（2）基于计划模板的课堂情境描述。

引导概览小学正例的计划模板

表 5.2 计划模板展示了在小学英语语言文学课中实施发明方法的步骤。

表 5.2 三年级阅读课的计划模板

教学步骤	教师注释
明确学习目标	该案例的学习目标是：运用文本特征和搜索工具（例如关键字、工具条、超链接等）高效地定位到给定主题的相关信息（CCSS-ELA-RI3.5） 注意：此示例的学习目标超出了上述标准，因为学生实际上创建了自己的文本特征，这是对标准的扩展
确定目标	创建一个文本特征，用于文本选择
确定标准	为学生提供标准： 文本特征 ◇根据文中信息类型选择 ◇包括文本中的信息 ◇能够澄清文本
给出提示	创建提示： 你所看到的段落中已经删除了文本特征 预测作者可能用到的一个文本特征，用于帮助读者理解该段落，并概述这些特征
头脑风暴形成创意	学生阅读该段落，查看可能的文本特征列表，并确定哪个文本特征最适合本段落
设计原型	学生描绘自己的文本特征，然后与另一组共享草图和文字段落，以获取反馈
构建原型	学生根据反馈，对草图进行最终修订
利用标准评估原型	教师要求学生 ◇解释为何这个文本特征对于该段落来说是最合适的 ◇突出显示段落中文本特征提到的信息 ◇解释文本特征说了些什么
修正原型	如果学生发现他们的原型与标准不一致，则需要修改原型
说明原型是如何达成目标的	学生解释文本特征如何回应和阐明该段落
反思设计	学生回答问题并将其最终结果与作者使用的文本特征进行比较 你的学习小组是否正确地识别了作者使用的文本特征？如果没有，你的文本特征和作者的文本特征是如何以相似和不同的方式促进理解的？

基于计划模板的课堂情境描述

该班级学生已经学会识别并使用多种类型的文本特征，现在教师希望学生利用所学知识创建与选定文本相对应的文本特征。她通过删除选定段落的文本特征为课程做好准备，并根据学生的阅读能力进行分组。开始上课前，教师把这些段落发给学习小组，并要求他们阅读段落，浏览学到的文本特征列表，并确定哪一个最适合该段落。为了帮助学生作出决定，教师提醒学生注意文本特征的标准：

文本特征

◇根据文中信息类型选择。

◇包括文本中的信息。

◇能够澄清文本。

在所有学习小组假设应该选择哪个文本特征应用于他们的段落后，他们要画出文本特征草图，并与另一个学习小组分享草图与段落文字，以获取反馈。之后，学生根据反馈对文本特征草图进行最后的修订。修改文本特征后，教师要求学生评估原型：

◇解释为何这个文本特征对于该段落来说是最合适的。

◇突出显示段落中文本特征提到的信息。

◇解释文本特征说了些什么。

如果学生认识到自己的文本特征与标准不一致，那么他们需要修改。然后，教师要求学生写一两句话解释文本特征是如何回应和阐明这段话的。最后，教师向学生展示作者最初用于该段落的文本特征，并要求他们与小组讨论以下问题：

> 将你的文本特征与作者使用的文本特征进行比较。你的学习小组是否正确地识别了作者使用的文本特征？如果没有，你的文本特征和作者的文本特征是如何以相似和不同的方式促进理解的？

小学运用发明方法的反例

教师提供提示，并给予学生时间开展头脑风暴思考创建哪个文本特征。然后，学生创建文本特征并将其提交。教师注意到有几名学生创建了一个并不符合或不能阐明文本的文本特征，并相应地为这些学生评定成绩。在这节课上，教师没有给学生获得反馈意见并修改自己最初想法的机会。发明的目的是让学生用自己的知识创造一些东西，在必要时分析和修改学生的想法和作品是该过程的重要内容。如果教师跳过这个步骤，即使教师调整了任务结果，学生也可能永远无法改变最初的想法。

中学运用发明方法的正例

中学运用发明方法的正例以两种方式呈现：（1）引导概览课程的计划模板；（2）基于计划模板的课堂情境描述。

引导概览中学正例的计划模板

表 5.3 为七年级数学课中实施发明方法的综合认知任务的计划模板。

表 5.3　七年级数学课的计划模板

教学步骤	教师注释
明确学习目标	该案例的学习目标是：解决现实世界和数学上的问题，包括由三角形、四边形、多边形、立方体和直棱柱等组成的二维或三维物体的面积、体积和表面积（CCSS-Math-7.G.6）
确定目标	创建一个数学游戏，参与者需要解决与面积、表面积和体积相关的应用题和方程式
确定标准	为学生提供以下标准： 游戏的特点是让学生解决应用题和方程式，包括 ◇面积 ◇表面积 ◇体积
创建提示	创建一个数学游戏，参与者需要解决与面积、表面积和体积相关的应用题和方程式

（续表）

教学步骤	教师注释
头脑风暴形成创意	学生集体讨论游戏的应用题和方程式
设计原型	学生提出自己准备在游戏中添加的应用题和方程式，并获得同伴的反馈意见，确定这些问题是否符合标准
构建原型	学生使用反馈完善游戏
利用标准评估原型	教师要求学生说明游戏中的应用题和方程式是如何符合标准的
修正原型	如果学生发现游戏中的应用题和方程式不符合标准，那么他们需要修改游戏
说明原型是如何达成目标的	学生解释游戏如何要求参与者解决涉及面积、体积和表面积的应用题和方程式
反思设计	学生回答问题： 你需要重新设计游戏的某些部分吗？如何重新设计并更好地达到标准？如何更改游戏以更有效地帮助玩家解决与面积、表面积和体积相关的应用题和方程式？

基于计划模板的课堂情境描述

正例中，教师计划在单元学习中开展一个总结活动，让学生解决与面积、表面积和体积相关的应用题和方程式。教师让学生开展头脑风暴，与同伴一起提出游戏样例问题。她强调，游戏的目的是解决有关面积、表面积和体积的应用题和方程式，因此专注于设计游戏曲折情节和丰富色彩的同学不会得到高分，而那些设计的游戏尽管可能缺乏吸引力，但符合标准的同学会得到较高评价。

她给学生时间为游戏创建样例问题。当他们完成后，教师将学习小组两两配对，使他们能够获得同伴的反馈意见，确定这些问题是否符合标准。在双方提出接受或反对对方样本的问题，并提供有关改进游戏的反馈意见后，学生需要利用反馈完善游戏设计。教师给予学生时间修改不符合标准的问题，继续完成游戏。当学生上交游戏时，教师要求他们同时上交一段回答以下问题的文字：

◇游戏中的问题是如何满足标准的？

◇你是否需要重新设计游戏的某些部分？

◇如何重新设计并更好地达到标准？

◇你会如何更改游戏以更好地帮助玩家解决涉及面积、表面积和体积的问题？

中学运用发明方法的反例

在单元学习结束时，教师要求学生设计一个有关面积、表面积和体积的游戏。教师没有提供期望游戏达到的标准。因此，一些学生只关注了三个主题中的一个，教师不知道学生是否能够创建和解决与其他两个主题相关的问题。提前列出标准不仅有助于学生分析自己的想法，还有助于教师和学生关注活动中的重要内容。

确定学生能否通过发明提出和检验假设

在实施之前，你应计划好如何在发明过程中监控学生提出和检验假设的能力。为了评估学生在发明过程中开展综合认知任务的能力，你可以运用以下监控方法：

◇让学生给每个标准编号，然后根据具体标准为相关部分的设计编号。

◇学生测试原型过程中，请他们在根据下画线、为支撑画圈，并为限定画一个框。教师在教室内走动，不仅要检查学生是否完成任务，而且要检查他们记录的信息是否正确。

◇使用自我反思表跟踪学生的情况，如表 5.4 所示，其中包含了发明过程不同时间段可能用到的各种条目。

表 5.4 发明中自我反思范例条目

姓名 ________ 为了改进设计，我愿意继续学习…… 为了掌握更多，我会……
姓名 ________ 我所设计的原型能够达到标准是因为…… 在我创建原型前，我能为设计作出的改进包括……

表 5.5 为学生熟练程度量规，可以在学生展示每一步达到的预期结果时，帮助你监控他们的能力并向他们提供反馈。

表 5.5　学生运用发明方法的熟练程度量规

发明的步骤	新手入门	基本掌握	预期达标
头脑风暴形成创意	学生阅读教师提供的创意	学生设计或者可以找出原型中的创意	学生可以描述创意如何符合标准
设计原型	学生可以找到一个可能有效的设计	学生能设计符合标准的原型	学生能够解释为什么他们的设计符合根据目标提出的标准
构建原型	学生能构建原型	学生能根据自己的设计构建原型	学生可以解释他们的原型是如何依据设计符合标准的
利用标准评估原型	学生能测试原型	学生能根据标准测试原型	学生能够解释为什么他们的原型符合根据目标提出的标准
修正原型	学生能修正原型	学生能根据证据修正原型	学生可以解释为什么他们的修正能够更好地达到标准，实现目标
说明原型是如何达成目标的	学生能陈述原型是否达到了目标	学生能够解释原型如何实现了目标	学生依据根据和支撑来支持或反驳最初的设计，它们是基于原型如何更好地实现目标的证据的。学生能确认过程中的陷阱

（续表）

发明的步骤	新手入门	基本掌握	预期达标
反思设计	学生能描述自己的设计	学生能够确定自己的设计是否符合标准	学生能基于结论解释为什么自己的假设被证明或被反驳

开展支架教学和拓展教学满足学生的需求

总是有学生无法适应你的课程计划。对于这些学生来说，首先需要明确活动的哪一部分可能不适合他们，然后相应地计划其他选择。以下一些想法可以帮助你开始做好计划。

支架教学

◇如果有些学生在计划阶段遇到挫折，给他们在教室内走动的机会，观察其他学生是如何克服他们遇到的障碍的。

◇提供一个大纲让学生参照执行，以支持他们运用根据、支撑和限定形成总结。

拓展教学

◇如果提出更多的标准，有些学生也能够作出很好的回应。 额外的挑战可能有助于他们从更加独特的角度思考基本知识和技能。

◇即使有些学生已经完成了第一个测试要求达到的目标，此时也可以要求他们再修改设计和重建原型，以求更完全地符合标准。

教学方法 6　学生设计任务

随着学生作为学习者独立性的增强，可以要求部分学生或全部学生设计自己的综合认知任务。这可以提高他们作为学习者的积极性和效能感，而且逻辑上说这种总结活动可以为大学和职业生涯遇到的学术挑战做好准备。

在这种方法中，学生设计自己的任务。他们决定任务的重点是什么，可以自主追求自己独特的兴趣。为了让设计的任务取得成功，学生需要全面把握如何进行综合认知任务，因为他们将承担独立设计和执行任务的责任。有些学生已经快速掌握了提出和检验假设的任务机制，你可以让这些学生实施这种方法，并准备好拓展教学；或者本方法也可以作为一个单元或学年结束时的总结任务，你可以教授、示范并提供支持帮助学生掌握本书前面提到的所有方法。

如果你刚刚开始运用综合认知任务，就让学生创建自己的任务，他们可能对此不适应。不要认为教师从开始阶段就需要让学生进行自主选择，此时采用更结构化的方法让学生参与综合认知任务是非常有益的。当你感觉在学生提出和检验假设的过程中变得更轻松时，再想想如何慢慢地开放选择。让学生设计任务，首先需要设置参数，并在学生确定检验假设的最佳方式的过程中始终保持关注。当你进入任务实施阶段时，也可以考虑引导班级部分需要拓展教学的学生开展学生设计任务，而并不需要全班学生同步进行。

如何有效实施学生设计任务

与大多数其他方法一样，课堂中有效开展学生设计任务共有四个步骤：（1）使用计划模板准备实施学生设计任务；（2）教授并示范学生设计任务的步骤；（3）在活动开始时为学生提供提示，让他们有机会设计自己的任务；（4）为学生设计和完成任务提供资源和指导。

使用计划模板

在实施学生设计任务时，可以使用表 6.1 中的计划模板，它可以帮助你在实施该方法前先概括了解整个过程。虽然这个模板也分为三个部分，很像其他方法的模板，但是需要学生负责选择他们将要使用的任务类型。复习其他方法的计划模板将会有助于学生设计任务。

表 6.1　学生设计任务的计划模板

1. 用于教师行动步骤的计划问题	
明确学习目标	这个任务服务于哪个学习目标？
给出提示	你会提出什么问题来促进学生开展任务？ 提示是否符合学习目标的认知水平？
2. 用于学生行动步骤的计划问题	
解答提示	你如何要求学生回答这个问题？（分组还是体现在课业笔记本上？） 你会限制创意的数量，给出选择或设置参数吗？
完成任务	你如何确保这项任务能让学生展示学习目标要求的基本知识和技能？ 你会提供什么资源？ 你如何组织学生执行任务？ 你如何检查学生是否在其任务中包含了必要的步骤？
3. 实施过程中，用于教师行动步骤的计划问题	
监控计划	当学生在设计和执行自己的任务时，你如何检查他们分析自己想法的情况？
调整计划	对于需要支持或拓展教学的学生，你会做些什么？

教授并示范学生设计任务的步骤

有效实施学生设计任务的第二步是教授并示范步骤。一旦你教授和示范了设计任务的两个核心步骤，学生后续就可以按照已经学习的步骤，完成他们选择的特定任务类型。

1. 解答提示

学生将利用已经学习的信息和课程学习目标，根据自己的兴趣来回答其中一个问题。教师强调并表明他们选择的主题需要与学习目标保持一致。

2. 实施适当的综合认知任务

基于所选择的主题，帮助学生理解他们可以找到一种合适的任务类型更好地帮助他们探索问题的答案。例如，如果他们选择想要探索决策类问题的答案，那么就适合运用决策型任务。

以激励性提示开始学生设计任务课程

学生通过自主设计综合认知任务提出并检验假设，这一过程需要教师的提示才能引出假设。提示通过问题或陈述让学生聚焦于与学习目标相关的自己感兴趣的主题上。可以用本书提到过的任何其他方法给出提示，这有助于学生创建任务类型。为了使学生关注各种方法，教师可以运用以下提示样例：

◇针对近期所学知识，你会初步提出什么问题和预测？你如何检验这个假设？

◇你是否有一个特别希望开展的实验，开展时可以使用近期一直学习的知识？

◇你是否有一个特别希望验证的问题，验证时可以使用近期一直学习的知识？

◇你是否有一个特别希望检验的假设，检验时可以使用近期一直学习的知识？

◇你是否有一个特别希望调查的概念，调查时可以使用近期一直学习的知识？

◇你是否有一个特别希望创造的发明，创造时可以使用近期一直学习的知识？（Marzano，2007）

请记住，使用这种方法的目的是让学生能够展示他们已经理解学习目标相关的知识并具备了相关能力。在刚开始阶段，很难让综合认知任务的复杂程度与学习目标的困难程度保持一致，如果希望这最后一种综合认知方法产生有益的学习体验，那么就必须为学生选择恰当的学习目标，这极为重要。

在学生设计任务期间提供资源和指导

在整个任务过程中，教师需要经常性地检查学生是否朝着正确的方向稳步前进。只有学生在实施任务过程中检验了假设，他们才能真正加深自己的理解。

◇设定时间表和中间目标，即使在短期任务中，也可以帮助学生保持注意力。例如，如果你预测完成任务只需要 30 分钟，就可以为学生列出你要求他们在前 10 分钟、第二个 10 分钟等时间段内需要完成的任务。时间设置将提醒学生每一分钟都是重要的，并将任务分解成可管理的模块。

◇合理运用同伴互助可以在学生设计任务过程中增强学生的学习效果。同伴反馈小组可以用来分享学生计划的草案，以此相互激励对计划优缺点的反馈和指导建议。学生还可以提出指导性的问题，以帮助同伴通过根据、支撑和限定来支持结论。如果学生对指导性问题不熟悉，也可以通过提供问题或句干进行帮助。

◇提供元认知机会让学生将自己视为学习者。学生可以反思他们为什么学习，并找出阻碍学习的障碍。

◇在执行任务过程中促进小组或学生个体开展讨论，反思自己完成学习目标的情况。

➔ 常见错误

在成功实施其他类型的综合认知任务后，你可以给学生更多的选择权和自主权。在开始学生设计任务之前，请注意以下常见错误，以确保任务实施效果最佳。

◇教师告诉学生任务主题。

◇教师没有要求学生提出并检验假设。

◇教师没有使任务与学习目标的认知复杂程度保持一致。

◇教师没有为学生提供偏离具体步骤的机会和支持。

运用学生设计任务方法的正例和反例

学生设计任务的正例和反例与之前方法中的不同。在学生设计自己的任务时，有两个基本步骤，剩下的步骤是从先前的方法中借鉴而来的。

小学运用学生设计任务方法的正例

小学运用学生设计任务方法的正例以两种方式呈现：（1）引导概览课程的计划模板；（2）基于计划模板的课堂情境描述。

引导概览小学正例的计划模板

表6.2展示了四年级社会课教师是如何完成表6.1所述计划模板的内容的。

表 6.2　小学四年级社会课的计划模板

教学步骤	教师注释
明确学习目标	该小学正例有两个学习目标：通过描述某地区与其他地区的共同点辨别纽约州的某一地区，然后与其他地区进行比较（纽约四年级比较和地方课程），并使用位置术语和地理展示物，例如地图、照片、卫星图像和模型，来描述不同地点之间的相互关系与联系，并评估在特定地点开展特定活动的好处（纽约四年级地理推理课程）
给出提示	你想要创建哪种地理展示物（地图、照片、卫星图像、模型）来描述纽约州各地区的特征?
解答提示	学生选择他们想要关注的纽约州某地区，然后决定哪种类型的地理展示物可以帮助他们最好地描述该地区的特征
进行任务	学生按照发明的步骤完成这项工作

基于计划模板的课堂情境描述

在这个小学课堂上，教师聚焦于社会学标准方面的两个学习目标。开始上课前，教师提示学生：

> 你想要创建哪种地理展示物（地图、照片、卫星图像、模型）来描述纽约州各地区的特征？

学生首先选择自己想要关注的纽约州某地区，然后按照选择地区的不同分成小组开展头脑风暴。他们头脑风暴的目标是帮助他们找出能描述该地区特征的最佳地理展示类型。

教师提醒学生，他们在前一单元学习中刚运用了发明这一综合认知任务，并且她与学生共同回顾了这一方法的步骤。

学生通过教学方法 5 中发明的步骤来创建地理展示物，同时教师边走动边提出一些指导性问题，并根据需要提供支持和资源。

小学运用学生设计任务方法的反例

反例中，教师也使用相同的学习目标，并以同样的方式开始课程：

> 你想要创建哪种地理展示物（地图、照片、卫星图像、模型）来描述纽约州各地区的特征？

在学生思考答案的过程中，教师向学生展示了以前课程中的几张地图，并鼓励学生绘制一张地图，因为这项任务更直接、更节省时间。

反例中，教师犯了常见错误，他剥夺了学生决定做什么和怎么做的权利，使学生失去了可以从这一方法中获得的所有益处。

中学运用学生设计任务方法的正例

中学运用学生设计任务方法的正例以两种方式呈现：（1）引导概览课程的计划模板；（2）基于计划模板的课堂情境描述。

引导概览中学正例的计划模板

表 6.3 展现了七年级社会课教师是如何结合两个学习目标来激励学生设计任务的。

表 6.3　七年级社会课的计划模板

教学步骤	教师注释
明确学习目标	本案例的学习目标是：在同龄人或成年人的指导和支持下，根据需要通过计划、修改、编辑、改编或尝试新方法等，发展并加强写作能力，聚焦于写作目的是否达成和是否吸引了观众（CCSS-WHST-6–8.5）；确定美国如何通过国际组织如联合国、维和部队和世界卫生组织与其他国家开展合作（Florida-SS.7.C.4.2）
给出提示	是否有一个你想要调查的特定概念，可以运用我们近期一直学习的知识?
解答提示	学生与同伴讨论是否要专注于联合国、维和部队或世界卫生组织，然后选择一个主题开展进一步调查
进行任务	学生按照调查的步骤完成这项任务

基于计划模板的课堂情境描述

教师开始提示：

> 是否有一个你想要调查的特定概念，可以运用我们近期一直学习的知识?

学生与同伴讨论是否要专注于联合国、维和部队或世界卫生组织，然后选择一个主题进一步调查，不同的学生选择不同的主题。教师倾听学生的讨论，以确保他们的主题与学习目标保持一致。

> 确定美国如何通过国际组织如联合国、维和部队和世界卫生组织与其他国家开展合作。

然后，教师提醒学生他们以前进行过许多调查，本次调查应该遵循同样的过程。学生通过他们的课业笔记本查看以前记录的调查步骤获取信息并开始写作。

当学生进行调查时，教师四处走动，提出澄清性的问题，并在需要时提供支持。

中学运用学生设计任务方法的反例

反例中，教师给学生提供了同样的提示问题，并让学生基于已学的内容作出回答。教师允许学生使用笔记和其他资源创建自己的案例。学生完成后再上交。

反例中，教师的错误在于没有要求学生提出并检验假设，没有让学生设计计划和反思结果。学生错过了在任务过程中分析自己的思维如何变化这一非常重要的机会。

确定学生能否自主设计任务

监控的目的是确保教师知道哪些学生能够成功地分析自己的想法，哪些学生需要更多的支持或拓展内容。这里有一些建议可以用来监控学生是否能分析自己的想法来设计任务：

1. 要求学生快速写出选择主题的原因，这样你就可以观察学生，并确定他们是否能够解释为什么要自行设计特定的任务。

2. 如果任务是长期的，需要花费几天的时间才能完成，可以使用“请看……”便利贴等方法。学生写“请看……”，然后填写空白以集中你的反馈。用这种方法教师就可以监控并给出反馈，而无须顾及任务的各个方面。

3. 要求学生反思在设计任务时学到了什么，以及任务如何帮助他们展示学习目标。你可以在课后检阅这些内容，也可以在走到学生身边时阅读学生的回答，以此作为判断学生是否达到目标的依据。

表 6.4 为学生熟练程度量规，旨在帮助你确定学生是否展示了每个步骤的预期结果。

表 6.4 学生设计任务的熟练程度量规

学生设计任务的步骤	新手入门	基本掌握	预期达标
解答提示	学生倾向于讨论可能的话题	学生陈述主题	学生能够解释为什么选择该主题
进行任务	使用学生设计的对应教学方法的熟练度量规，了解学生是否能够顺利完成任务		

开展支架教学和拓展教学满足学生的需求

当你监控学生是否可以自主设计任务时，你会意识到有些学生能够快速创建自己的任务，而有些学生在每一个步骤都会遇到困难。无论哪种情况，他们都可以从适应中受益。如果学生遇到困难，则可能需要额外的支架教学；如果这项任务对学生而言缺乏挑战性，则他们可能需要拓展教学。以下是开展支架教学和拓展教学的思路。

支架教学

◇如果学生在设计自己的任务中遇到困难，可以给他们几个选项进行选择。

◇让学生有机会定期看看和听听其他同学正在做什么，了解其他同学如何测试他们的假设。

拓展教学

◇如果学生很快掌握了如何创建自己的任务，让他们为任务创建分步的说明，解释每个步骤中自己的想法。

◇当学生完成任务时，要求他们将自己与其他人提出和检验假设的方法进行比较和对比，聚焦于分析选择特定假设的原因。

结 语

本书旨在帮助教师开展更加有效的课堂教学。如你所见，本书的出发点就是让教师更熟练地帮助学生**通过提出和检验假设分析自己的思维、运用自己的知识**。

为了检验本书目标是否达成，教师不仅要从学生中收集信息，还要从导师或者同事中寻求反馈，以找到志同道合之人。同时在策略的实施过程中，积极开展有意义的反思。这样一来，即使教师没能从本书中学得零星技巧，至少也可认识到**监控的重要性**。**监控**是教师的专业水平以及学生的学习成绩增长的临界点。策略使用并不是终点，教师的目标应该是预期结果：我们要有充分的证据确保学生已经通过**参与综合认知任务**对所学内容形成了更深刻的认识。

为了更有效地实施本书策略，请遵循以下三个步骤：

1. 在策略实施过程中，发挥自身的能力和创造力对本书中的各种教学方法进行适应性改编。在这种情况下，让学生参与到需要提出和检验假设的综合认知任务中，以便他们能分析自己的思维过程。

2. 对预期结果进行监控。换句话说，就是在使用某教学方法的同时，对其有效性进行分析。实时查看或倾听学生是否能够在提出与检验假设时分析自己的想法。

3. 如果监控结果显示，因为教师没有提供充分的教学指导而导致学生未能实现预期结果，这时教师便要想办法改变和调整。

毫无疑问，本书可以作为教师提升个人专业技能的行为指南，但是当教师与同事一同研读和实践时，必将获益更多。

反思与讨论问题

在小组会议或向教练、导师或督学会面寻求精神食粮前，教师可以使用以下的反思与讨论问题：

1. 在阅读和实施本书的教学方法之后，你的教学发生了怎样的变化？
2. 在为学生提供支架教学和拓展教学的过程中，你总结出哪些调整和改进教学方法的技巧？
3. 在实施本书教学策略的过程中，你遇到的最大挑战是什么？
4. 实施本书教学策略后，学生的学习发生了哪些变化？
5. 你会如何与同年级或同一部门的同事分享学到的东西？

参考资料

[1]Achieve, Inc. (2015). *Next Generation Science Standards: For states*, by states. Washington, DC: National Academies Press. Retrieved January 11, 2015, from < http://www.nextgenscience.org/next-generation-science-standards > .

[2]Common Core State Standards Initiative. (2010). *Common Core state standards for English language arts & literacy in history/social studies, science, and technical subjects*. Washington, DC: Author. Retrieved September 23, 2011, from <http://corestandards.org/assets/CCSSI–ELA%20Standards.pdf > .

[3]Davies, A. (2007). *Making classroom assessment work*. Courtenay, BC, Canada: Connected Publishing.

[4]Dickson, S. V., Collins, V. L., Simmons, D. C., & Kame'enui, E. J. (1998). Metacognitive strategies: Instructional and curricular basics and implications. In D. C. Simmons & E. J. Kame'enui (Eds.), *What reading research tells us about children*

with diverse learning needs (pp. 361–380). Hillsdale, NJ: Erlbaum.

[5]Dougherty, E. (2012). *Assignments matter: Making the connections that help students meet standards*. Alexandria, VA: Association for Supervision and Curriculum Development.

[6]Fisher, D., & Frey, N. (2007). *Checking for understanding: Formative assessment techniques for your classroom*. Alexandria, VA: Association for Supervision and Curriculum Development.

[7]Flach, T. (2011). *Engaging students through performance assessment: Creating performance tasks to monitor student learning*. Englewood, CO: Lead+Learn Press.

[8]Marzano, R. J. (2007). *The art and science of teaching*. Alexandria, VA: Association for Supervision and Curriculum Development.

[9]Marzano, R. J., Boogren, T., Heflebower, T., Kanold-McIntyre, J., & Pickering, D. (2012). *Becoming a reflective teacher*. Bloomington, IN: Marzano Research Laboratory.

[10]Marzano, R. J., & Brown, J. L. (2009). *A handbook for the art and science of teaching*. Alexandria, VA: Association for Supervision and Curriculum Development.

[11]Marzano, R. J., & Heflebower, T. (2012). *Teaching and assessing 21st century skills*. Bloomington, IN: Marzano Research Laboratory.

[12]Marzano, R. J., & Toth, M. D. (2013). *Deliberate practice for deliberate growth: Teacher evaluation systems for continuous instructional improvement*. West Palm Beach, FL: Learning Sciences Marzano Center.

[13]Marzano, R. J., & Toth, M. D. (2014). *Teaching for rigor: A call for a critical instructional shift*. West Palm Beach, FL: Learning Sciences Marzano Center.

[14]National Governors Association Center for Best Practices & Council of Chief State School Officers. (2010). *Common Core state standards*. Washington, DC:

Author.

[15]Ocasio, T. L., & Marzano, R. J. (2015). *Examining reasoning: Classroom techniques to help students produce and defend claims*. West Palm Beach, FL: Learning Sciences International.

[16]Silver, H. F., Dewing, R. T., & Perini, M. J. (2012). *The core six essential strategies for achieving excellence with the Common Core*. Alexandria, VA: Association for Supervision and Curriculum Development.

[17]William, D. (2011). *Embedded formative assessment*. Bloomington, IN: Solution Tree Press.